Gente

del

Escambray

Ernesto Chávez Álvarez

2017

Gente del Escambray

Ernesto Chávez Álvarez

Primera Edición, 2017

Editor: Rolando Garcia-Milian

ISBN: 978-0-9903431-2-7

CONTENIDO

A la memoria de Julio Puig Marín

PALABRAS INICIALES

Estos retazos de la memoria fueron escritos en La Habana entre 1994 y 1995. Un único propósito me animó a rescatar del olvido a gentes de a pie –con sus creencias, usos y costumbres– pertenecientes a una localidad muy particularizada del centro del territorio cubano. El objetivo primordial de dar a la luz estos recuerdos de un pasado reciente obedeció a un interés exclusivamente personal.

En septiembre de 1960 llegué por primera vez a Güinía de Miranda para ocupar, como maestro rural, el aula que me fuera asignada en un paraje montañoso nombrado San José de Jicaya, o finca Marrero como se conocía popularmente; localizado a poco más de diez kilómetros de distancia al sur del pueblo cabecera que daba nombre al barrio. Más allá de la realidad, para mí ajena e ignorada a la cual como recién graduado me enfrentaría, en aquel momento no podía sospechar que sin saberlo me asomaba a un mundo a punto de desaparecer.

Allí sería testigo excepcional de una idiosincrasia muy propia y definida que se diluiría bruscamente ante el acelerado avance de las nuevas ideas y concepciones que, a partir de 1961, permearían toda la sociedad cubana. Ante mí resistían airosos los últimos baluartes de buena parte de una identidad de por sí profundamente enraizada en una ruralidad conformada a lo largo de los años. Tres décadas después me propuse rescatar lo que pudiera quedar de lo más representativo y genuino de aquellos relictos de la cubanidad, aún perdurables en la memoria colectiva.

A ellos, a la gente sencilla del Escambray[1] con la cual compartí breves años de mi magisterio inaugural; a la realidad mágica —sempiterna e inviolable— de aquella geografía amable pero rebelde, están destinados estos jirones del recuerdo.

---

[1] El Escambray o Macizo de Guamuhaya es un sistema montañoso situado en las provincias de Sancti Spíritus, Villa Clara y Cienfuegos, en la zona central de Cuba.

EL VIEJO MAMBÍ

Cuando entré a la sala de la vivienda, un anciano que se hallaba sentado en un taburete junto a la puerta que daba acceso al comedor, se puso trabajosamente de pie con el auxilio de un pulido palo que a manera de bastón descansaba sobre sus huesudas piernas. Me extendió la mano derecha en señal de saludo, al mismo tiempo que descubría la hirsuta cabellera entrecana del amarillento sombrero del tipo panduro del que nunca prescindía. Jacinto Jiménez tenía setenta y nueve años de edad; pero las profundas arrugas que surcaban la piel de sus manos y cara lo hacían parecer un hombre más viejo. Con una voz muy baja, casi inaudible, me invitó cortésmente a sentarme próximo a él; a la vez que llamaba al resto de los moradores de la vivienda para que en representación suya me rindieran los cumplidos que debían tributarme como visitante.

A Jacinto le gustaba contar historias de los tiempos idos. Oriundo del barrio trinitario de Río de Ay en donde vivía con la familia, al estallar la guerra grande del noventa y cinco el padre había regresado a su natal España dejando a Jacinto, con sólo catorce años de edad, al cuidado de la madre enferma –que poco después fallecería– y un hermano pequeño. Pronto Jacinto se enrolaría como correo militar a las fuerzas mambisas[2], al mismo tiempo que se ocupaba de la atención del hermano. Al finalizar la contienda bélica, ambos hermanos se separarían, ante la decisión de aquél de probar fortuna hacia el occidente del país. Jamás volvería a tener noticias suyas.

Los años posteriores a la guerra fueron difíciles para el joven Jacinto, sin familia ni hogar donde vivir. Hasta que un pariente lejano, residente en la finca La Independencia, le entregó en aparcería un sitio para el cultivo del tabaco. Allí conoció a Celestina, una simpática campesina que residía en la vecina finca Veguita, con la que después de un breve noviazgo se unió maritalmente en 1904. Ocho hijos logró el matrimonio. Entonces la vega de La Independencia pudo contar con el apoyo de una fuerza de trabajo más joven, que en gran medida aliviaría al cabeza de familia con una salud tempranamente quebrantada para un hombre de campo.

[2] Este era el brazo armado del movimiento revolucionario cubano durante la lucha por la independencia contra el colonialismo español iniciada el 10 de octubre de 1868, hasta su disolución en Mayo de 1899, bajo la intervención militar de Estados Unidos en Cuba.

11

En 1941, el dueño de La Independencia decidió dedicar esas tierras a la cría de ganado vacuno, para lo cual procedió al desalojo paulatino de las familias campesinas dedicadas al cultivo del tabaco, bien como aparceros o arrendatarios. Con el poco dinero que pudo reunir de los escasos ahorros que poseía, más el producto de la venta de algunos animales de cría y de tiro, ese mismo año Jacinto pudo comprar la acción del sitio en la finca San José de Jicaya, en donde a partir de esa fecha se estableció con la familia.

En San José de Jicaya, de nuevo como aparcero, viviría aquel hombre envejecido prematuramente por una larga vida de penurias, hasta que en 1959 la Ley de Reforma Agraria[3] le entregó la propiedad de la tierra que durante largos años había regado con su sudor de sol a sol. La Revolución había llegado demasiado tarde para él, solía decirme Jacinto en algunas ocasiones mientras conversábamos en la sala del humilde bohío. Pero él pensaba en un futuro mejor para el nieto, añadía luego, señalándolo orgulloso con el dedo allá lejos doblado sobre el surco.

---

[3] La Primera Ley de Reforma Agraria se firmó el 17 de mayo de 1959 en La Plata, Sierra Maestra, Cuba. Esta ley confiscó todas las propiedades de más de 400 hectáreas de extensión y entregó la tierra a numerosos campesinos. Además, dispuso la creación del Instituto Nacional de Reforma Agraria (INRA) para aplicar las medidas adoptadas.

La mujer de Jacinto exhibía un carácter menos grave que el marido. Celestina, que contaba con setenta y cuatro años de edad, por su cuerpo menudo casi infantil y la manera de vestirse más bien parecía una niña envejecida. Siempre estaba ataviada con unas largas batas de percal blanco, impecablemente almidonadas y planchadas, cuyo torso se ajustaba al liso pecho que interiormente ella protegía con un discreto corpiño. Las mangas aglobadas que cubrían sus enflaquecidos antebrazos la complementaba el amplio vuelo que, rematando el borde de la falda acampanada, ocultaba unas delgadísimas piernas.

Sólo la albura amarillenta del escaso cabello suelto al frente, pero recogido hacia atrás formando un moño en la nuca, delataba que aquella erecta personita de andar ligero era una anciana. La cara alargada, que la mayoría de los hijos suyos habían heredado, constituía el rasgo más sobresaliente de Celestina. A ello se añadía el perenne color sonrosado que teñía sus pómulos ligeramente abultados para un rostro tan estirado, pero surcado de finas arrugas que ella coquetamente trataba de disimular entalcándose con profusión.

Según los contemporáneos suyos, ni de joven Celestina había sido una mujer bonita. Sin embargo, la espontánea simpatía que irradiaba su persona, a lo que se unía una extraordinaria gracia al hablar —rasgos que aún conservaba cuando la conocí—, le había ganado muchos admiradores.

13

Pero el mayor atractivo que había poseído esta mujer tan poco agraciada por la naturaleza era el virtuosismo con que punteaba el criollo zapateo, amén de otras danzas de sus años mozos. Celestina había sido en su juventud una excelente bailadora.

En algunas ocasiones le pedía que me mostrara los pasos de un baile que siendo tan genuinamente cubano yo sin embargo desconocía. Entonces ella, con una soltura increíble para su avanzada edad, danzaba ágilmente tomando los extremos de su ancha bata que abría en abanico. Y con pañuelo o sombrero en mano, según simulara en el momento oportuno al danzante femenino o masculino que conformaba la hipotética pareja de bailadores, con su vocecita infantil se acompañaba simulando la monótona melodía de los ausentes instrumentos musicales.

Ninguno de los hijos de Celestina se había interesado por aprender una danza tan pasada de moda. A ello había contribuido además que Jacinto, que incluso había sido su inseparable compañero de baile durante los años de enamoramiento y noviazgo entre ambos, no era tan buen bailador como ella. Después del matrimonio, y con la llegada inmediata de los hijos, para la joven pareja concluyeron las fiestas. Muy a pesar suyo, Celestina dejó de bailar aunque nunca olvidó cuantas danzas había aprendido desde muy niña.

14

De Celestina Bombino, con la que establecí una tierna amistad, guardo gratos recuerdos de mi estancia en San José de Jicaya. Pero también a ella debo mi afición al uso del tabaco. Celestina era una gran fumadora y una excelente torcedora.

EL VENDEDOR
AMBULANTE

A Bonifacio Meneses lo conocía desde los primeros días de mi llegada a Güinía de Miranda. Tanto él como Aselo Clemente constituían dos de los personajes más típicos de aquel extenso barrio rural del Escambray.

Bonifacio Meneses era un mercader de caballos que con bastante frecuencia visitaba a Lila Jiménez, del que era muy amigo; y quien no desaprovechaba cualquier oportunidad de un encuentro conmigo, ya fuera en la escuela o en el camino, para proponerme la venta de alguna bestia, de las cuales disponía con una abundante variedad de razas, tamaños, colores, condiciones y precios, incluidos caballos, mulos y burros. Yo le había prometido comprarle un caballo cuando económicamente me hubiese recuperado lo suficiente; aunque esto no evitaba que el comerciante no dejara de insistir en su empeño, mostrándome cuanto ejemplar que él considerara conveniente para mí caía en sus manos.

Mucho simpaticé con aquel agradable hombre siempre acicalado con la modesta vestimenta campesina, que acompañaba de un finísimo sombrero de jipijapa. Como buen comerciante de semejante mercancía, era a su vez jinete de los más briosos caballos de la región, a los cuales ufano adicionaba llamativos arreos y una montura de exquisito acabado que adornaban rosetas metálicas rematadas con cintas de cuero. Mientras, las cuidadas botas que calzaba exhibían tintineantes espuelas plateadas que remataban vistosas estrellas con puntas romas.

Bonifacio Meneses llegó a convertirse en un elemento más del paisaje rural del barrio de Güinía de Miranda. Pronto llegaría a acostumbrarme a su cotidiana presencia. Desde el alto que ocupaba el bohío de Lila lo veía pasar casi todos los días por el camino real, en uno u otro sentido, seguido de una larga hilera de magníficos equinos con un aparente abandono del que en realidad estaba muy ajeno. Si me divisaba a lo lejos, me saludaba cortésmente quitándose el sombrero.

Aselo Clemente era un vendedor ambulante que residía en la finca El Rincón, en donde tenía establecida una pequeña bodega mixta. Periódicamente, este buhonero rural llegaba a San José de Jicaya con su carga, conduciendo un arria consistente de dos únicas mulas que, solícitas, seguían a este comerciante más dado al trueque de mercancías que a la propia compraventa.

Los aparejos de una de las mulas lo componían unas especies de jaulas bajas de madera revestidas con tela metálica, montadas unas sobre otras a ambos lados de la barriga de la bestia. Los de la otra estaba compuesto de cajones de diversos tamaños, cerrados con tapas, dispuestos de similar manera a la de su compañera de carga. Enormes alforjas de fibra tejida se adicionaban a este sistema de carga; al igual que tras la montura que conducía el jinete.

A través de la tela metálica, el reducido espacio que permitía cada jaulón era compartido por diversas especies de aves de corral, que en desconcierto de sonidos avisaban la llegada del tan esperado comerciante. Las más variadas muestras de artículos de quincallería, géneros, enseres domésticos, golosinas menudas y cuanto pudiera cautivar a la sencilla clientela femenina del vecindario quedaba al descubierto cuando Aselo Clemente, con una paciencia envidiable, desempacaba uno a uno los ordenados cajones que previamente había bajado de la bestia que los portaba.

Nena era una cliente asidua de este vendedor ambulante. Aselo Clemente nunca dejaba de pasar por el bohío de los Jiménez, a su paso por la finca, para proponerle a los moradores alguna novedad; o dejar algún encargo familiar previamente convenido. Era rara la ocasión en que Nena dejara de adquirir alguno que otro retazo de tela satinada para la confección de las anchas faldas que ella usaba, como tampoco de cintas de colores para los adornos de los vestidos o para el cabello de las niñas; amén de alguna baratija de fantasía o unas llamativas hebillas para recoger el pelo.

Todo era muy económico en aquel mercado ambulatorio que patrocinaba el buenazo de Aselo Clemente. Con él, sobre todo, podía pagarse a plazo o al contado en efectivo, o mediante el trueque de huevos o aves de corral. Tampoco quedaba excluida la posibilidad de negociar una cochinata de fácil transportación sobre aquella caravana provisoria. Una vez concluida la transacción comercial de ese día, para las niñas Nena adquiría al menudeo unos enormes caramelos en forma de bolas cristalinas, o unas apetitosas panetelas resecas abundantemente polvoreadas con azúcar de cuyos costados sobresalía el fino mechado con sabor a guayaba.

La llegada de Aselo Clemente al bohío de Celestino Jiménez constituía todo un acontecimiento, en el que yo también participaba con simple curiosidad de espectador. Pero este hombre de una edad ya madura no era el único vendedor ambulante que incursionara el barrio de Güinía de Miranda con su feria de novedades. Otro de ellos era un moro[4], al que Nena no le

---

[4] En Cuba se le llama moro a los mulatos de tez oscura, cabello negro lacio y facciones europoides.

compraba por tener fama de carero y regateador; además de que no aceptaba el trueque de productos avícolas o de otra índole en sus transacciones mercantiles. El Escambray estaba lleno de esta suerte de singulares mercaderes, los que con las mulas cargadas de ilusiones cotidianas poblaban el paisaje rural comunicándole una nota tan típica como festiva.

EL ISLEÑO LUCIANO

Luciano Rodríguez, que había nacido en Islas Canarias en 1902, llegó a Cuba con veinte años de edad para dedicarse al cultivo del tabaco en la región central, en donde se estableciera definitivamente. Procedente de la finca Seibabo, desde 1944 Luciano con la familia constituida habitaba aquellas mismas tierras de San José de Jicaya en donde lo encontraría años después. Cuando lo conocí, era un aún corpulento guajiro de cincuenta y ocho años envejecido antes de tiempo por las penalidades que el trabajo agrícola, en un medio demasiado hostil, imprime al hombre de campo.

Conversador insaciable que jamás prescindía del cabo de tabaco que humeante o apagado colgaba de la boca, ni del afilado machete envainado a la cintura, solía visitarlo con bastante frecuencia. Pasaba gratas horas hablando de los más diversos temas con este hombre bonachón que, a pesar de ser analfabeto, había sabido inculcar a su numerosa descendencia los más elevados principios morales y de comportamiento. Firme en las ideas y preceptos que lo animaban, los cuales defendía hasta las últimas consecuencias, la palabra de Luciano era tenida como ley no sólo por la familia sino por todo el vecindario, que sinceramente lo estimaba y respetaba. Enemigo de pendencias y chismes de comadres, hombre que profesaba una fidelidad a toda prueba hacia aquéllos en quienes había puesto su confianza, vecino servicial como pocos, Luciano no estaba ligado a ninguna de las facciones familiares que en aquella época dividían a los pobladores de la finca.

Nieves Rodríguez, la esposa de Luciano, tenía cincuenta y seis años de edad. Con una temprana apariencia de ancianidad, delgada al extremo de mostrar un ahuesado pecho liso como de niña, el rasgo externo más notable de esta locuaz campesina lo constituía el abundante cabello. Lo llevaba atado, formando dos gruesas trenzas de un color negrísimo; lo que resaltaba aún más la pequeña cara, provista de un par de ojos brillantes, y la risa franca de una boca desprovista de dientes.

Solía entablar animadas charlas con esta agradable mujercita que, desde el primer día en que la conociera, me brindaría aquella espontánea amistad que sólo la gente sencilla de campo sabe entregar con desprendimiento y desinterés. Gran admiración y respeto sentiría por este humilde matrimonio guajiro. En ambos encontraría, sobre todo, el cariño sincero que ellos mismos se encargarían de hacer extensivo con respecto a mi persona al resto de la familia.

23

Para ese entonces, el matrimonio vivía con los cuatro hijos que aún estaban solteros. El mayor de los siete hermanos, que ocupaba un pequeño sitio algo apartado al del padre, estaba casado. Al igual que dos de las hembras que vivían, una en Güinía de Miranda y la otra en Ciego de Ávila. Además de Erundino, un delgaducho adolescente y la "vejez de la casa", las muy jóvenes Onelia, Aleida y Rosa compartían el hogar familiar presidido por el laborioso Luciano y la diligente Nieves.

Aleida y Rosa. Foto cortesía del autor

El bohío de los Rodríguez ocupaba un pintoresco alto al final de un elevado estribo que, apartándose a través de un trillo a pocos pasos de la encrucijada frente a la bodeguita de Hugo Ruiz, continuaba con rumbo al río Jicaya. Desde el patio trasero del bohío, en donde transcurrían las más de las veces las frecuentes visitas que dedicaba a aquel acogedor hogar campesino, podía contemplarse en toda su extensión el vasto valle salpicado de casitas que en lontananza se perdía al encuentro con el río Agabama.

Coposas matas de güira cargadas de verdes frutos le comunicaban a aquel patio sombreado un encanto particular, del cual no podía sustraerme. A ello además contribuía la nutrida concurrencia familiar que, distribuida en taburetes[5] bajo el frescor de la tarde, conversaba animadamente. Mientras, saboreábamos deliciosas tazas de café acompañadas de los tabacos acabados de torcer para los fumadores por las habilidosas manos de Nieves, por demás una empedernida aficionada al consumo de tabaco.

El interior de la vivienda —el típico bohío[6] en forma de T invertida con paredes de tablas de

---

[5] Típica silla del campesino cubano. Su estructura puede ser de roble o algarrobo, con el asiento y respaldo de piel de cuero de res.

[6] Nombre dado a la vivienda típica del campesino cubano la cual es construida principalmente usando la palma real (*Roystonea regia*). El tronco de esta palma proporciona tablas para las paredes mientras que las grandes hojas o pencas conocidas como guano son usadas para el techo.

25

palma real, piso de tierra y techo a cuatro aguas cobijado con guano– constituía un ejemplo de limpieza y femenino cuidado. En la sala central, antiguos muebles de rejilla, provistos de primorosos cojines confeccionados con telas coloridas, armonizaban con mesitas y esquineros adornados con flores naturales dentro de búcaros de cristal. Complementaban el mobiliario las tradicionales fotografías familiares enmarcadas en artesanales portarretratos, que se adosaban a las paredes divisorias.

A pesar de la deliciosa intimidad hogareña que se respiraba dentro de este recinto interior, prefería el patio trasero con vistas al sinuoso valle; o el florido frente, cuando no caía el sol que de lleno lo tomaba desde prima tarde. Éste era el jardín, en donde manos femeninas jóvenes habían acomodado indistintamente la más inusitada variedad de plantas ornamentales que complementaba el frondoso marpacífico[7] rojo que, recostado a una de las paredes delanteras de la vivienda, dominaba aquel improvisado entorno.

Mucho afecto le tomaría a aquella gente sencilla; la que a su vez me reciprocaría una amistad incondicional y a toda prueba de lealtad.

---

[7] *Hibiscus rosa-sinensis*

LA ESCUELITA DE ADELAIDA

A Adelaida le habría gustado ser maestra, me decía siempre con tristeza su hermana Nieves Jiménez. Después de casada, Adelaida había primero alfabetizado a su esposo Minervino, para después completarle el aprendizaje en la "escuelita" que ella misma había instalado en la sala de su vivienda.

El barrio de Güinía de Miranda tampoco había escapado a la presencia de los llamados *doctrineros*, o maestros ambulantes, que a pie o a caballo recorrían los campos en busca de alumnos para enseñarles las primeras letras. Por un peso al mes por educando, en alguna de las casas de uno de ellos se reunía dos noches a la semana el doctrinario con los adultos interesados en aprender a leer y escribir. Pascual Delgado se llamaba el maestro ambulante que en los años cincuenta se encargaba de la enseñanza elemental de los sitieros de San José de Jicaya y de las fincas de los alrededores.

Por esa época, Adelaida decidió convertir su casa en una escuela no sólo para su marido, sino también para todos aquellos jóvenes analfabetos de la finca que quisieran aprender. La sala de la vivienda de Adelaida pronto se llenó de campesinos que comenzaron a recibir gratuitamente las clases de la improvisada maestra; entre ellos su sobrino Sergio y otros que, como él, buscaban en aquellas lecciones el complemento de los rudimentarios conocimientos adquiridos en las escasas escuelas rurales del barrio.

Para mediados de 1958, las clases en la casa de Adelaida tuvieron que suspenderse. La lucha armada contra el gobierno de Batista había llegado a la región de Güinía de Miranda, para intensificarse durante los meses que precederían el asalto y ocupación del pueblo cabecera. Era peligros reunirse de noche, e incluso arriesgado transitar por los caminos solitarios a deshora, en un lugar donde los tiroteos nocturnos eran frecuentes. Además, el bombardeo aéreo durante las horas del día constituían una seria amenaza para la vida de los pacíficos pobladores del sitierío que abiertamente simpatizaban y colaboraban con los "barbudos"[8] que ya operaban en el Escambray.

---

[8] Nombre dado a los miembros del Ejército Rebelde, organización armada revolucionaria que luchaba contra la dictadura de Fulgencio Batista.

Los días que antecedieron a la toma de Güinía de Miranda fueron difíciles para San José de Jicaya.

Adelaida se comprometió con los rebeldes –cuyos campamentos establecidos en el lomerío cercano les permitía una presencia ya habitual dentro del sitierío– a entregar una bandera cubana para que fuera izada en el pueblo una vez que éste fuera liberado.

El 27 de octubre de 1959, día en que Güinía de Miranda conmemoró el primer aniversario de su liberación, Adelaida entregó al jefe militar del pueblo la bandera prometida. Con los veinticinco pesos obtenidos con la venta de un cerdo que ella misma había cebado, en Fomento compró el guarandol con los tres colores de la enseña nacional que entregó a un sastre de esa localidad para que la confeccionara. Con que sincero orgullo Adelaida narraba el momento en que la bandera cubana, con su nombre bordado por ella sobre el extremo inferior de una de las listas azules, era izada en el pequeño cuartel de Güinía de Miranda, en medio de una multitud de hombres y mujeres que habían depositado todas sus esperanzas en la Revolución del primero de enero.

Durante los aciagos días que precedieron la toma de Güinía de Miranda, Adelaida compuso una décima alusiva a los hechos que se sucedían en la nación. Más de treinta años después me la entregó escrita sobre el mismo papel, ya amarillento y deteriorado por el tiempo, que ella con tanto amor había conservado entre sus más preciados recuerdos. Estos versos carecen de cualquier valor estilístico o literario; pero en ellos está presente el sincero sentir del campesinado cubano de aquellos años, y que esta mujer supo plasmar en su momento con sencilla frescura y espontaneidad.

Cuántas vidas se han perdido
por causa de la ambición,
y al mismo tiempo sufriendo
los de noble corazón.
No conoce la razón
ese Fulgencio Batista;
con su vida egoísta
que hasta aquí ha estado llevando
y lentamente matando
con la ley del terrorista.

Batista, no te das cuenta
de Cuba la situación;
ya está bueno, compasión,
de tus hermanos cubanos
que con las armas en mano
libertan los problemas
con las buenas intenciones
de un futuro nacional…
en rechonchas Mutilado.

De una cubana pura nació
un líder valiente
noble, honrado, combatiente,
sin miedo a la dictadura;
representa hoy la figura

de Cuba más destacada,
él a nadie debe nada
porque a Cuba no empeñó
con gusto la libertó
de un manto negro encerrada.

Fidel, Camilo y el Che
forman una misma flor,
con pétalos de color
el estambre y el pistilo.
Dicha flor yo me imagino
que el cáliz que la ha formado
está muy bien abonado
con algo contrario al tiro
tiene fe, tacto, sentido
y muy bien disciplinado.

LOS TURIÑO DE GÜINÍA

Conocía de vista a los Turiño, de los cuales sabía que era una familia de mucho prestigio y muy respetada en la región. Conocía, además, la reconocida trayectoria revolucionaria de éstos desde los años de la lucha insurreccional en las lomas, con la que habían colaborado activamente conformando una de las principales células clandestinas que operaba en Güinía de Miranda. Nunca había tenido trato directo con ellos, en particular con Efraín, que desde el primero de enero de 1959 fungía como comisionado del pueblo.

El pintoresco bungalow de madera, pintado de verde con las puertas y ventanas de anaranjado, que con la familia ocupaba Efraín, estaba a la salida del pueblo hacia Fomento. Los Turiño eran campesinos prósperos de antaño establecidos en Güinía. Mediante el abnegado y honrado trabajo en las reducidas parcelas de tierras que ya eran de su propiedad, a lo largo de varias generaciones esta familia había alcanzado una posición holgada. Ahora residían en confortables viviendas, desde las cuales continuaban atendiendo la economía familiar mediante el trabajo personal con el auxilio de algunos trabajadores agrícolas contratados, como el que más, durante las zafras tabacaleras. Ello, en determinada medida, los diferenciaba social y económicamente de la mayoría del campesinado del territorio.

Los hijos de Efraín cursaron estudios en la capital provincial, en donde se habían preparado profesionalmente. Pero los Turiño no eran terratenientes ni aburguesados campesinos como, malaintencionadamente, algunos enemigos políticos suyos habían propalado entre los pobladores del lugar. Ése también había sido mi criterio desde que llegara a Güinía de Miranda. Gracias al maestro Rogelio trabé amistad –que no por lo tardía dejaría de ser estrecha con el decursar del tiempo– con la familia Turiño.

La gravedad que mostraba Efraín Turiño Llupart con el trato que a todos dispensaba, a lo que se unía el total encanecimiento de su rizada cabellera, hacía pensar que este hombre contaba con una edad superior a los cuarenta y seis años que en realidad tenía. En cambio, su esposa Felicia Ortega –a quien familiarmente llamaban con el nombre de *Nena*–, una rolliza mujer de cuarenta y dos años poseedora de un encanto personal que realzaban sus inquietos ojos verdosos, era tan elocuente como simpática; lo que con facilidad de inmediato le granjeaba la amistad a cuantos la conocían. Serviciales y atentos con aquellos a quienes entregaban su sincera amistad, Efraín y

Nena constituían el más armonioso matrimonio que he conocido. Con ellos simpaticé desde el primer día que me abrieron de par en par las puertas de aquel hospitalario hogar.

El mayor de los hijos del matrimonio, un joven de veintidós años nombrado Jesús, vivía con los padres en el pueblo; en donde se desempeñaba como contador luego de haber concluido los estudios comerciales en Santa Clara. Además, estaba responsabilizado con la planta que en horas de la noche suministraba la electricidad al pueblo. Para esa época estudiaba fuera el menor de los tres, un muchacho de dieciocho años nombrado Nelson, que solía pasarse los fines de semana en compañía de la familia.

Sin embargo, el alma de aquel hogar tan feliz lo constituía Anolan, una simpática joven de veinte años de edad. Recién graduada como maestra en la Escuela Normal de Santa Clara, desde el inicio de ese curso impartía clases en la única escuela primaria del pueblo. Anolan siempre vestía finas blusas de encajes, que acompañaba de unas anchísimas faldas a media pierna bajo las cuales crujían un sin fin de sayas almidonadas, que acentuaban todavía más la delgadez de su espigada figura.

La muchacha poseía una cara agraciada –cuyo rasgo más sobresaliente lo constituían sus atractivos ojos del color de la miel–, rodeada de una abundante cabellera suelta de una tonalidad castaño clara. A su figura se añadía la dulzura de una voz cálida e íntimamente afectuosa que tanto me recordara mi primer enamoramiento de estudiante. Pronto establecería con ella una cordial relación amistosa que, poco a poco, se iría transformando en un tierno afecto.

Mas, el personaje central en torno al cual giraba todo cuanto se tratara o concerniera a la familia, lo constituía Asela Turiño Llupart. La vitalidad y arrojo de esta corpulenta mujer con poco más de cincuenta años de edad eran sorprendentes. A lo anterior se añadía la reciedumbre del carácter imperativo que emanaba de una avasalladora personalidad que a todos impresionaba. Ninguna decisión, cualquiera que fuera su trascendencia, se tomaba en el seno de la familia Turiño si antes no se consultaba con Asela; quien siempre tenía la última palabra en relación con el modo en que se debía proceder.

Durante la lucha insurreccional en contra del gobierno de Batista, esta incansable mujer trabajó activamente dentro de una célula clandestina de Fomento. A Asela le cupo el orgullo de que desde su vivienda —en donde hasta ese preciso momento estuviera alojado— partiera el comandante Ernesto Che Guevara, al frente de la Columna 8, para el ataque final y la toma definitiva de esa localidad en los últimos días de diciembre de 1958.

Gratos recuerdos conservo de las veladas transcurridas en el bungalow de los Turiño. Las comidas ocasionales en las que, con bastante frecuencia, éramos invitados los maestros amistados con la familia, tenían lugar en el amplio comedor; espacio éste rodeado de vitrinas transparentes repletas de vistosas piezas y utensilios culinarios ya en desuso. Luego que Nena nos sirviera en la mesa el delicioso café criollo en bellísimas tazas de porcelana china, y de que Efraín ofreciera a los fumadores los excelentes tabacos de su vega recién torcidos, pasábamos a la reducida sala.

Allí nos acomodábamos en los antiguos muebles barnizados, con espaldar y asiento de rejilla, que bajo las enormes lámparas de brazos, rematados hacia los extremos con bombas opalinas, compartía una multitud de mesitas rebosantes de juguetes de adorno colocados sobre coloridos tapetes con puntas tejidas. De la velada nocturna, éste era el momento más esperado por mí.

En aquella reducida estancia nos quedábamos conversando sobre los más disímiles asuntos con todos los miembros de la familia, hasta que Jesús se ponía de pie anunciando que ya era hora de apagar el alumbrado eléctrico. Me resultaba tan agradable el encanto que se respiraba en aquella salita, que siempre era el último en marcharme. Quería impregnarme, hasta el instante final, de la maravillosa intimidad familiar que irradiaba de aquella pieza de la vivienda que tanto me cautivaba; lo que también me servía de pretexto para quedarme un rato a solas con la dulce Anolan.

Nunca pude explicarme el motivo de que los Turiño apenas le dieran uso al acogedor portal rodeado de varandales torneados en madera, cuyo alto puntal lo protegía de los rayos del sol una enmarañada red de enredaderas con olorosas flores, que a cualquier hora del día mantenía una deliciosa fragancia esparciéndose a través de esa parte de la casa. Muchas veces me imaginaba bajo la suave penumbra del portal declarándole mi amor a la tierna Anolan. Pero ella tenía novio para casarse, y yo también estaba comprometido

LA VISITA DE NOVIOS

Los Polanca constituían una familia estrafalaria que el resto de los campesinos de la finca no visitaba por el modo de vida nada pulcro que ellos llevaban dentro del hogar. Casi tuve que suplicarle a Silvano para que accediera a acompañarme hasta el bohío donde residía esta gente, pues tanto había oído hablar de ellos en el vecindario que estaba deseoso de conocerlos.

El sitio de los Polanca se extendía por la fértil planicie que coronaba las pronunciadas elevaciones que hacia el oeste limitaban El Hondón; siendo por esta parte de la finca los vecinos más inmediatos de los Luis Martínez, los que tampoco los frecuentaban a pesar de la relativa cercanía que los separaba. Tres hermanos solterones, dos mujeres y un hombre con edades indeterminadas, eran los moradores de la vivienda de madera techada con guano, en cuyo patio fuimos recibidos primero por cinco perros flacos que apenas tenían fuerza para ladrar.

Antes de entrar a la casa, Silvano me reiteró la advertencia que con anterioridad me hiciera de que

42

nada aceptara de lo que me brindaran, y mucho menos pedir agua para beber aunque me estuviera muriendo de sed. Más que el aspecto hosco que ofrecían aquellas tres personas que se mostraron tan atentas con nosotros, fue la presencia vellosa de las dos mujeres la que me produjo cierta repulsión; sobre todo por la impresión de suciedad que parecía emanar de los enormes cuerpos regordetes que poseían ambas mujeres.

Era indiscutible que la voz cantante en aquel oscuro hogar la llevaba la nombrada Emilia, quien con una áspera dicción acaparó toda la conversación durante la breve visita que le dispensáramos. No permitió articular ni una sola palabra a los embobecidos hermanos, que en ningún momento dejaron de observarme con molesta curiosidad.

Entre las extravagantes historias que en torno a los Polanca circulaban en Lagunita, la más socorrida de todas la constituía el desagradable incidente del cual años atrás fuera protagonista Ponciano, el hermano mayor de mi amigo Silvano, estando de visita en la vivienda. En su juventud de soltero aquél había sido novio de la entonces hermosa Emilia, con la que pensaba casarse tan pronto como los padres de la muchacha aceptaran formalmente el compromiso.

En un principio ellos habían estado opuestos, conocedores del incierto futuro que aguardaba a la hija junto a aquel también apuesto campesino que

43

a esas alturas de la vida no contaba con un techo propio, ni tan siquiera con un pedazo de tierra en propiedad con que poder mantener a la esposa con los hijos que vendrían después de haberse casado. Pero al final los padres de Emilia accedieron, oficializándose unas relaciones amorosas que a la larga mucho beneficiarían al baracutey de Ponciano.

El memorable suceso que condenaría a Emilia al celibato para el resto de la vida –al mismo tiempo que alejaría a cualquier otro pretendiente suyo, además de la posibilidad del matrimonio para el resto de los hermanos solteros–, ocurriría uno de los domingos en que Ponciano se encontraba en la casa de los Polanca cumplimentando la correspondiente visita de novios.

Como de costumbre, ese domingo Ponciano almorzaría con la familia de la novia que, para tan especial ocasión, se había cocinado suficiente harina de maíz seco que tanto le gustaba al joven enamorado. Dispuesta la mesa con los respectivos platos y cubiertos en el comedor del acogedor bohío, desde la contigua cocina la diligente novia trajo la enorme olla que contenía el apetitoso manjar recién acabado de cocer, que de inmediato despertó el voraz apetito del goloso Ponciano, colocándola sobre un pedazo de yagua justo en medio de los hambrientos comensales. Ponciano, como invitado, fue el primero en servirse. Auxiliado con el cucharón comenzó a verter la humeante harina dentro del plato, al mismo tiempo que a viva voz celebraba la bondad de aquella harina amarga con carne de puerco que se le brindaba.

Ante las palabras que el novio pronunciara, el resto de los comensales sentados alrededor de la mesa se miraron entre sí, primero intrigados; para después contemplar, perplejos por la sorpresa, como Ponciano sacaba de la olla, pinchado con un tenedor, un gatico que dentro de aquella masa caliente había encontrado una muerte atroz. En medio de un silencio sepulcral Ponciano colocó despacito el animalito chorreante de harina sobre uno de los platos que encontró a mano, se puso de pie tratando de contener la indignación que lo dominaba, y buscando el sombrero salió presuroso del bohío para nunca más regresar. Ninguno de los presentes pudo explicarse en ese momento cómo aquel gato había ido a parar hasta la harina.

Claro que no había existido una mala intención, por parte de los padres de Emilia, con una acción de semejante envergadura con el propósito de alejar al novio que ellos consideraban inmerecido para la hija; como a pesar de los años transcurridos se empeñaba en afirmar Ponciano. Lo que había ocurrido obedecía a un desafortunado accidente que, más que al ofendido pretendiente que ensoberbecido rompiera el compromiso matrimonial contraído con la inocente muchacha, dejaría marcada para siempre a aquella familia con un estigma tan bochornoso que ni el paso del tiempo podría borrar.

45

Todo hacía suponer que aquel día, mientras las mujeres preparaban el almuerzo en la cocina, un gato recién nacido proveniente de una de las soleras se aventuró a atravesar la llave que justo pasaba sobre el fogón de leña en que se cocía la harina. Bien por la impericia de un animal aún sin destetar o por la humareda que ascendía desde abajo, el gato perdió el equilibrio yendo a caer precisamente dentro de la olla sin que las mujeres se dieran cuenta.

Pero la historia del gato en la harina nunca sería olvidada. Incluso habiendo bastante razón en cuanto al inapropiado comportamiento higiénico o acerca de la conducta extravagante de los Polanca, también era una realidad que muchas de las apreciaciones que en torno a esta familia se fabulaba en Lagunita y los alrededores eran algo exageradas, cuando no infundadas.

Si por mi elevada aprehensión ante determinadas circunstancias que pudieran provocar en mí alguna sensación de rechazo no les hacía visitas a los Polanca, al menos cada vez que pasaba cerca del sitio de ellos me llegaba hasta el bohío de estos apacibles campesinos para saludar a Emilia. A la puerta, sin bajarme del caballo, con ella me entretenía largo rato escuchándola conversar.

LA FAMILIA CHÁVEZ

De la pléyade de personajes pintorescos que de la más variada naturaleza poblaba la finca Lagunita, eran sin embargo los Chávez los mejores merecedores de este particular atributo. Los numerosos miembros que conformaban esta prolífica familia campesina se asentaban en el vasto sitierío que comprendía las extensas tierras dedicadas al cultivo del tabaco localizadas entre la bodega de Quincito y la propiedad de los Polanca. Multitud de bohíos con piso de tierra, paredes de yagua y techos de guano alojaban a estos humildes vegueros que, al mismo tiempo, constituían una de las familias más pobres de la región en su conjunto.

Pero sobre todo los Chávez tenían mala fama porque, según decían de ellos, era gente pendenciera y belicosa. Recuerdo que Julito Puig, al conocer de mi traslado para Lagunita, no dejó de advertirme con demasiada insistencia de que en aquel lugar debía tener particular cuidado con los Chávez. Con ellos tenía que ser muy cauteloso en mi trato, si al mismo estaba obligado como parte de mi labor como maestro rural. No obstante encontrarse éstos residiendo fuera de la jurisdicción perteneciente a mi escuela, como también desoyendo los consejos que me diera mi buen amigo, circunstancias particularizadas me llevarían a establecer, casi desde mi llegada a Lagunita, estrechas relaciones amistosas con algunos de los Chávez, a los que con bastante frecuencia visitaría en sus propios hogares.

De los Chávez se contaban historias increíbles que, desde tiempos inmemoriales, circulaban de boca en boca en el extenso barrio de Güinía de Miranda. Hombres violentos y mujeres pasionales a quienes todos temían o respetaban, conformaban aquella familia que en más de una ocasión alguno de sus miembros había sido protagonista de una tragedia lamentable o de una reyerta sangrienta. De éstas, ellos siempre salían airosos, cuando no victoriosos, frente a las autoridades la gran mayoría de las veces.

Recuerdo que a mi llegada a Lagunita aún estaba pendiente de aclaración un asesinato, cometido apenas poco tiempo atrás, al que culpaban a uno de los Chávez, cuyo paradero era desconocido en ese momento. Durante una intensa sequía que afectara la región, un lagunato de la finca había quedado sin agua para dejar al descubierto, en el fondo, el cadáver salvajemente macheteado de un campesino que antes de

desaparecer días atrás había sostenido una fuerte
riña con el hombre ahora dado a la fuga.

Ernesto Chaves, maestro rural en el
Escambray. Foto cortesía del autor

Por los resultados periciales obtenidos luego
del hallazgo del cuerpo, se sabía que el occiso
había sido ultimado a traición. Había caído en una
emboscada que el criminal le tendiera, matándolo
por la espalda en el camino real cuando aquél
transitaba de regreso al hogar a altas horas de la
noche. Esta verídica historia —así como otras de
parecida envergadura en relación con los Chávez—

50

la escuché de labios de Nene Llanes y Orestes Pérez, ambos bastante conocedores de las andanzas de estos intranquilos campesinos. Pero sobre todo por el estrecho vínculo que los ligaba a ellos. Los dos llevaban relaciones amorosas con dos muchachas pertenecientes a esta familia.

EL GUATEQUE GUAJIRO

La noche del domingo era la destinada al guateque que, como cada fin de semana, tenía lugar en alguno de los bohíos de los Chávez. Casi toda la muchachada joven de uno y otro sexo que poblaba esa parte del sitiero de Lagunita concurría a aquella típica fiesta campesina. Incluso yo, un citadino de pura cepa, las disfrutaba con bastante placer; inmerso del contagiante contento que en aquel genuino jolgorio de sabor guajiro allí se celebraba.

Aquella reunión festiva en las viviendas de los Chávez me recordaba el programa televisivo que con el título *La casita criolla* a veces solía entretener mi curiosidad infantil. Sin embargo, el que en Lagunita ante mí se presentaba estaba dotado de toda la espontaneidad y frescura de la ruralidad cubana que a aquél le faltaba.

A la luz de las varias chismosas[9] dispuestas en los testeros que circundaban la sala del bohío,

---

[9] Especie de farol de fabricación casera, usualmente

hacia cuyas paredes se habían arrimado los taburetes que los asistentes ocupaban, se celebraba el esperado guateque que –de no acontecer algún percance inesperado– debía finalizar hacia la madrugada. Músicos emergentes armados de laúd, guitarras, claves, güiros y maracas, acompañados de cantores improvisados, con las más conocidas décimas cantadas de la región amenizaban el baile que, al ritmo monótono de las melodías interpretadas, las parejas danzaban siguiendo como único paso el de *sacar agua del pozo*; en un vaivén cansón que sin embargo nunca las aburría o fatigaba.

Teresa Chávez era una excelente bailadora, así como mis dos amigos Nene Llanes y Orestes Pérez, quienes no dejaban de balancear sus cuerpos a uno y otro lado todo el tiempo que la música se escuchaba. Para reponer tanta energía perdida, los concurrentes al guateque contaban con masitas de cerdo fritas o minúsculos chicharrones de puerco que los anfitriones de la fiesta repartían a toda hora, dispuestos en pequeñas pilitas sobre platos de tazas para el café. Para refrescarse del sofoco que provocaba el baile o el hacinamiento de tanta gente que inundaba la sala, los asistentes disponían de vinos caseros preparados con frutas del patio o de refrescos embotellados al tiempo. También, para quien lo prefiriera, se había colado suficiente café que uno mismo podía servirse de la

usa queroseno como combustible.

cafetera esmaltada colocada sobre una mesita a la entrada del comedor contiguo.

Lo que más me divertía de aquellas veladas nocturnas eran los juegos en que se ocupaban los concurrentes al guateque durante los prolongados intermedios bailables. Como también disfrutaba las breves jornadas dedicadas a las adivinanzas y trabalenguas, tan ingeniosos como los cuentos con doble sentido que luego se hacían. El juego de las prendas, el de las frutas y hasta el del chicote escondido, constituían los sanos entretenimientos a los cuales acudían aquellos jóvenes que con tanta gracia como astucia hacían galas de sus habilidades mentales, con tal de imponerle a la persona de sus sueños un castigo comprometedor. Muchas risas, aunque también algunos altercados desagradables que al momento eran solventados por los ajenos al conato de discusión, motivaban aquellos inocentes entretenimientos tras los cuales en algunas oportunidades subyacía una intención escondida.

Sin embargo, el momento más esperado por todos era indiscutiblemente la controversia, con la cual la mayoría de las veces se cerraba el guateque; bien en medio de la más franca armonía después del contrapunteo sostenido o con el disgusto de alguno de los asistentes. Aunque había controversistas fijos –por cierto, con mucha fama en la región como buenos improvisadores–, a veces cualquiera de los concurrentes se prestaba para, con mayor o menor suerte, polemizar o ridiculizar al repentista rival con asuntos tan simplones como peliagudos. Las más de las veces sólo servían para arrancar la sana risa de los presentes en lo que debía constituir una lid fraternal.

En una de aquellas controversias, para mi sorpresa, conocí que María llevaba relaciones amorosas con uno de los Chávez. Éste, desde meses atrás, estaba ausente de la finca porque se encontraba movilizado en La Campana con la milicia campesina. También en ese momento descubrí el motivo por el cual la muchacha se negaba a concurrir a los guateques dominicales, a pesar de las invitaciones que al respecto con tanta insistencia le hiciera.

Con ayuda de Orestes, que oportunamente intervino, Nene Llanes interrumpió molesto la controversia que ya estaba tomando un cariz malintencionado. En la finca se comentaba con maliciosa suspicacia sobre mis regulares visitas a El Hondón; como también de la más que evidente simpatía que yo despertaba en la hermosa María. Lo peor de aquellas murmuraciones era que su primo era un hombre celoso y de cuidado, me confesó sinceramente preocupada Teresa, quien temía lo peor si a los oídos del novio llegaba algo que le hiciera dudar de la fidelidad de la novia. No obstante, ni rehusé a seguir participando de los guateques dominicales en las viviendas de los Chávez, ni tampoco a seguir visitando a la encantadora María en su casa de El Hondón.

LA CASONA DE LAGUNITA

Marcelo era el nombre del interventor de la finca. La primera impresión que recibiera de aquel hombre ya cuarentón al serme presentado el día de mi llegada a Lagunita me resultó desagradable. Más bien de baja estatura, poseedor de una figura regordeta y con el rizado cabello entrecano, Marcelo no podía ocultar la pizca de sangre negra que le corría por las venas, la que comunicaba a su piel una coloración cobriza tan uniforme como llamativa. Más que la seriedad o la poca emotividad que emanaba de su personalidad dotada de un carácter reservado y nada comunicativo, Marcelo era un hombre que no reía.

Detrás de la pesadumbrosa tristeza que reflejaba su voluntariamente rostro inexpresivo, estaba latente el inexplicable misterio que rodeaba la solitaria presencia de aquel hombre cuyo pasado constituía un enigma para quienes incluso lo habían conocido de antes. Comentarios de la más diversa naturaleza circulaban en torno a él, pero a ciencia cierta nadie conocía el secreto que Marcelo

59

guardaba con tanto hermetismo como celo. A pesar de ello, durante los meses que conviví junto a él en la casona de Lagunita, Marcelo fue amable conmigo; sin que jamás me diera motivo alguno para una queja en su actuación cotidiana.

Además de Marcelo, quien como interventor de la finca ocupaba la vivienda que conjuntamente con las tierras que la circundaban habían sido expropiadas por la Ley de Reforma Agraria, la casona la habitaban dos moradores más tan enigmáticos y conspicuos como el residente principal. Ambos eran dos personajes muy peculiares nombrados Abundio y Julio Ávalos.

El primero de ellos, que era hermano de Marcelo, era bobo. Más bien delgado, de baja estatura y con una edad indefinida, este indefenso hombrecito de abundante cabellera negra rizada poseía una cabeza deforme, de cuyo rostro caballuno sobresalía un par de ojillos con una mirada perdida que acusaba un marcado estrabismo. El perenne trasiego de Abundio por las diferentes dependencias interiores de la casona era fácilmente advertible, tanto por el soliloquio apresurado de su hablar apenas comprensible como por el modo suyo de andar arrastrando los pies; sobre todo cuando se desplazaba sobre los pisos de madera que retumbaban dentro de aquel ámbito por lo general cerrado al exterior. Incluso a medianoche o de madrugada percibía su presencia silenciosa vagando por la sala y habitaciones contiguas, en su desmedida obsesión de revisar los de por sí seguros cierres con pestillos de puertas y ventanas; o empeñado en la inveterada manía suya que no tardaría en descubrir.

En realidad a Abundio no le estaba encomendada alguna tarea en particular dentro de la casona, a no ser la ayuda que él espontáneamente realizaba en cuanto al abastecimiento de leña seca traída de los alrededores inmediatos, el acarreo de agua desde la alberca del fondo del patio u otros menesteres menores que no le robaban mucho tiempo. La verdadera ocupación del hermano de Marcelo dentro de la casona era la atención que le dispensaba al gran número de gatos que, con tanta preocupación como amoroso cuidado —sobre todo cuando había una hembra parida—, alojaba en la segunda habitación del ala derecha de la vivienda. Aquel recinto que siempre permanecía cerrado era un coto reservado incluso para el hermano. Abundio no permitía que alguien que no fuera él mismo se acercara a aquel ejército de felinos, de los cuales nunca pude explicarme cómo tan obstinado protector podía mantener tantos gatos en cautiverio en el interior de aquella habitación que hedía a mil demonios.

Julio Ávalos era todavía un hombre fornido a pesar de los casi setenta años de edad con que contaba. Estaba ciego como consecuencia de las avanzadas cataratas que le afectaban los ojos, los que mantenía ocultos tras unos espejuelos provistos con gruesos cristales oscuros. Desde que

61

se levantaba con los primeros claros del día hasta que al anochecer se retiraba a dormir a la habitación que ocupaba, permanecía sentado a la guajira sobre un taburete que recostaba al marco de la puerta del comedor. Lugar éste que únicamente abandonaba para sentarse a la mesa a la hora del almuerzo o para satisfacer alguna necesidad apremiante del cuerpo, auxiliándose para ello del bastón barato del cual nunca se separaba.

Dotado de cierta preparación, excelente conversador y poseedor de buenos modales que realzaban tanto las maneras educadas de conducirse como la pulcra vestimenta que utilizaba, cuando disponía de suficiente tiempo me gustaba sentarme a charlar con este agradable hombre que tan interesantes historias sobre los más diversos temas gustaba contarme. Sin embargo, no lograba comprender la presencia de Julio Ávalos —que a todas luces constituía una paradoja inexplicable— en la casona de Lagunita en medio de la rusticidad que lo rodeaba.

Julio Ávalos era hermano del dueño de la hacienda San Andrés. Al intervenirse las tierras pertenecientes a los Ávalos, las que se extendían desde el norte de Güinía de Miranda hasta la ribera sur del río Mabujina, ya don Andrés residía con la familia que había formado en la casa rosada a la salida del pueblo. Julio habitaba la casona que en el batey de Lagunita había constituido en un inicio el centro principal de aquellas productivas vastedades, dedicadas tanto a la ganadería como a la agricultura tabacalera, cafetalera y de frutos menores. Después de las expropiaciones, don Andrés había abandonado el predio para radicarse transitoriamente en Santa Clara hasta que pudiera marcharse del país. No así Julio, del cual en la finca circulaban los más contradictorios rumores acerca de los motivos que le había hecho decidirse a permanecer en la casona que apenas dos años atrás había sido de la propiedad suya compartida con el hermano.

A pesar de la locuacidad de este hombre que no paraba en mientes a la hora de contar historias del pasado, nunca traería a colación el motivo que lo había decidido a permanecer en la casona cuando ya no le pertenecía. Julio Ávalos jamás hablaba de él o de la familia. Cuando en más de una ocasión lo inquirí al respecto, guiado sobre todo por simple curiosidad, este hombre que hacía gala de una exquisita educación sabía desviarme con habilidad hacia otros temas de conversación, sin darme el menor resquicio que me indujera a descubrir el motivo de su estancia en aquel lugar. Marcelo, que desde la época de mayor esplendor de la casona de Lagunita había sido empleado de los Ávalos, mantenía muy buenas relaciones con él; a quien trataba con la deferencia y respeto que sólo puede dispensarse a un buen padre.

Con una probable indiscreción o confidencia de Abundio, en apariencia tan ajeno a cuanto no fuera su maniática ocupación, no podía esperar que en algo me aclarara el misterio que envolvía a aquellos tres seres tan extraños como insondables. Tal parecía que los moradores de la casona de Lagunita —que tanto se cuidaban de hablar de sí mismos o entre ellos delante de extraños— no tenían pasado; exclusivamente un presente indefinido que tampoco se arriesgaban a compartir con las personas que no pertenecieran al reducido círculo dentro del cual los tres hombres se movían.

Otros dos personajes no menos peculiares que los propios moradores de la vivienda completaban con su presencia diaria la cotidianidad de la casona. Se trataba de una campesina nombrada Ofelia y de su sobrino Armando.

Con una edad cercana a los sesenta años, Ofelia era una mujer grotesca cuyas maneras vulgares me resultaron desagradables desde el primer momento que la conociera. Más allá del aspecto de suciedad que emanaba del conjunto de su figura, portadora de una abundante cabellera canosa que recogía a la espalda mediante un cordón de zapatos, los ceñidos vestidos ajados con que cubría el giboso cuerpo de vientre pronunciado o las zapatillas de tela que a modo de chancletas calzaban sus hinchados pies bajo unas gruesas piernas varicosas que arrastraba al caminar, era la doblez de esta extraña mujer lo que en realidad me repelía de su ambigua personalidad. Según las habladurías no infundadas de los pobladores de Lagunita, Ofelia había sido la amante de Julio Ávalos desde que siendo muy joven comenzara a trabajar como sirvienta en la casona.

Después de la expropiación de las tierras pertenecientes a los Ávalos, Ofelia se había quedado en la vivienda como empleada, dedicándose desde entonces a la atención doméstica del lugar, en donde a partir de ese momento radicaría el interventor de esa parte de la finca San Andrés. Más que la cocinera de la casona –única tarea que verdaderamente realizaba la mujer en una vivienda ausente del mobiliario que otrora la ocupara–, Ofelia se dedicaba además al cuidado personal de Julio Ávalos, al que ella atendía con una solícita dedicación que a nadie preocupaba.

Armando, el sobrino de Ofelia, era idiota. Este adolescente de trece años acompañaba a la tía en la casona durante todo el tiempo que la mujer permanecía en la misma; ocupándolo en pequeñas encomiendas que ella le asignaba para que el muchacho tuviera algo con que entretener su congénita ociosidad infantil. Demasiado espigado para la edad con que contaba, Armando poseía un agradable rostro de niño dócil que, a pesar del ondulado cabello negro que abundantemente cubría su cabeza, la inexpresividad de unos ojos aun hermosos no podían ocultar la mala pasada que la naturaleza le había jugado. Desoyendo los continuos regaños de que era objeto por parte de la tía, Armando se negaba a calzar cualquier tipo de zapato los dos enormes pies que con orgullo exhibía. Sin embargo, para el resto del cuerpo el mismo muchacho se esmeraba que estuviera cubierto de buenos pantalones de vestir con bellas camisas de mangas largas que él mantenía impecablemente limpias.

En todo momento las relaciones personales entre aquellas cinco personas de la casona de Lagunita fueron tan armónicas –excluidos los breves momentos en que transcurrían los sin mayores consecuencias altercados entre Abundio y Armando–, que quien no hubiera conocido el pasado común que los había reunido en un presente tan convulso, bien pudiera haber pensado que se encontraba ante una familia feliz en la que jamás encontraría el más mínimo resquicio de discrepancia que pudiera perturbar la paz que la mantenía tan estrechamente unida. Si durante los meses en que transcurriría mi estancia en la casona de Lagunita a veces imaginaba encontrarme inmerso en el mundo de los personajes que dominaban las alucinantes narraciones de Rómulo Gallegos, Horacio Quiroga o José Eustasio Rivera; hoy, más de treinta años después, he llegado a pensar que más bien en aquella época fui un testigo extratemporal más cercano a cualesquiera de las fabulaciones inverosímiles de Gabriel García Márquez, Carlos Fuentes o Juan Rulfo que a la de los escritores antes mencionados.

LA COTIDIANIDAD RELIGIOSA

La manifestación religiosa más extendida en la región de Güinía de Miranda era el *catolicismo popular*; al mismo tiempo permeado de supersticiones y concepciones animistas procedentes de otras creencias presentes en el campo cubano. Las imágenes católicas más veneradas en San José de Jicaya eran La devoción mariana de Nuestra Señora de la Caridad del Cobre, San Lázaro y San Blas. Con menor afiliación religiosa también podían encontrarse representaciones de San Rafael, Santa Lucía, Santa Bárbara, Nuestra Señora de las Mercedes y la triada formada por las virtudes teologales Fe, Esperanza y Caridad.

Era raro encontrar un hogar campesino en el cual no se profesara adoración personal o familiar hacia una o más de estas figuraciones católicas; a pesar de que ya para esos años muchas de estas imágenes habían sido retiradas discretamente hacia los interiores menos visibles de las viviendas. Por lo general, estas representaciones católicas constituían litografías coloreadas de formato grande que ocupaban el lugar principal de la sala, en donde podían contemplarse bien enmarcadas o directamente fijadas a la pared. La mayoría de las veces se veían calzadas con recipientes de cristal o latas, a modo de búcaros, dentro de los cuales se mantenían flores frescas procedentes de los jardines hogareños.

Entre estas imágenes nunca faltaba la Caridad del Cobre, bellamente impresa sobre un excelente papel cromado de grandes dimensiones que se distribuía de manera gratuita en las farmacias como propaganda de la marca comercial Mejoral, calmante barato muy consumido por el campesinado. Curiosamente, nunca encontré alguna imagen de bulto, de madera o vaciada en yeso; como tampoco estampas que representaran al Sagrado Corazón de Jesús, tan omnipresente en el hogar cubano de todos los tiempos.

Las manifestaciones más evidentes de veneración a un determinado santo católico en la finca lo constituían las promesas, los altares y las oraciones. Las *promesas* se hacían en pago al cumplimiento de una solicitud concedida al creyente por el santo católico invocado; en la mayoría de los casos expresado en la concesión de la curación de una enfermedad que padecía un ser querido, como también pudiera ser la persona misma, un pariente cercano o un amigo.

El *cumplimiento de la promesa* podía consistir en recoger dinero –o en especies, que luego se vendía en las bodegas– de casa en casa por la finca y las inmediaciones. Lo recaudado era para ofrendarlo, mediante la adquisición de una imagen o una prenda atributiva propia del santo, destinada al altar o para entregarla a nombre suyo en alguna de las iglesias de la región.

Otra maneras de *pagar una promesa* consistía que el solicitante anduviera descalzo durante un tiempo fijado, según lo prometido; ofrecer determinado número de velas para iluminar la imagen a la que se había encomendado, bien en un altar particular o en la iglesia; y vestir durante una temporada, o por vida, con la tonalidad cromática que distinguía al santo católico. Blanco con un cordón amarillo eran los colores identificativos que vestía el penitente que pagaba una promesa a la Caridad del Cobre. La tela de saraso o saco tambor era la vestimenta que indicaba la promesa a San Lázaro; la combinación de azul con blanco representaba al deudor de Santa Lucía. El color rojo era privativo para los adeudos de Santa Bárbara.

Los *altares católicos* se hacían tanto en cumplimiento de una promesa empeñada como en dedicación a la festividad anual del santo en devoción. Aunque en las viviendas campesinas era frecuente encontrar un rincón en la sala, o de otra dependencia interior del bohío, destinado a una única imagen de un santo acompañada de flores con luminarias sobre un sencillo soporte de una sola pieza a modo de repisa.

Los primeros eran más pomposos. Estos altares se confeccionaban sobre una mesa a la que se le adicionaba como base una batea invertida con cajones superpuestos, de mayor a menor, formando una especie de pirámide truncada. Luego se cubría con sábanas blancas adornado con flores naturales, o confeccionada con papel de colores que se adquiría en los establecimientos comerciales del pueblo. La cima aplanada del altar lo coronaba el santo objeto de veneración, aunque otras estampas religiosas podían ocupar los restantes escalones junto a las velas y depósitos con flores.

Para los asistentes a la *velada del santo* se preparaban diversas variedades de dulces caseros elaborados con frutas de estación. También se les brindaba bebidas estimulantes como café y chocolate; sin faltar en algunas ocasiones el tan codiciado lechón asado con pan, acompañado de chicharrones. Durante la velada, que iniciada desde prima noche de la víspera del onomástico del santo se extendía hasta el siguiente día en la mañana, los asistentes se entretenían con diversos juegos de mesa o de participación conjunta para hombres y mujeres, como la sortija, las sillitas, la gallinita ciega, la lotería y las barajas.

Las *oraciones* consistían de una rogación en solicitud de la curación de una enfermedad o dolencia transitoria. Éstas las realizaba, generalmente, una persona de acendrada religiosidad o reconocida en la localidad como poseedora de ciertos poderes místicos; capaces de servir como eficaz intermediaria entre el santo católico invocado y el paciente. El texto de estas oraciones, recitado de memoria o siguiendo la lectura de las hojas sueltas que lo contenía impreso, se acompañaba del acto ritual consistente en santiguar al enfermo con albahaca blanca según transcurría la rogación. La más empleada de estas oraciones era la dedicada a San Luis Beltrán, fundamentalmente utilizada con los niños. La misma servía para contrarrestar el mal de ojos —el cual no sólo podía afectar a las personas, sino también a animales y plantas—, el dolor de cabeza, la fiebre alta y todo tipo de malestares corporales internos y externos.

Para la eliminación del *mal de ojos fuerte* el ritual curativo era algo más complejo. Tres personas de cualquier sexo, aunque obligatoriamente una de ellas tenía que ser una mujer llamada *María*, mientras se leía la oración a San Luis Beltrán santiguaban al afectado una tras otra con albahaca blanca. La planta se dejaba luego bajo la almohada del enfermo hasta la próxima rogación si éste no mejoraba o sanaba.

Otras de las oraciones utilizadas en la finca eran las dedicadas a San Blas y la del Buen Caminante. La primera estaba dirigida a la curación de los males o accidentes que afectaban la

72

garganta. La segunda, en este caso aplicada a las personas sanas, estaba orientada hacia aquéllos que siempre "estaban en el camino"; en particular los trabajadores agrícolas eventuales, tan comunes en la región, que constantemente se trasladaban de una finca a otra. Asimismo se decía a aquellas personas que debían emprender un largo viaje fuera de la localidad de residencia.

Asociado a las más importantes manifestaciones de la religiosidad del campesinado de la región estaba el empleo de *resguardos*, como medio de protección contra posibles dolencias, en particular las provocadas por el mal de ojos. El uso de estos resguardos personales era más frecuente encontrarlo en los niños, y consistía de un reducido fragmento de palo de ayúa al que se le adicionaba finas cintas de color rojo. La utilización de azabaches como resguardo para los recién nacidos era más escasa, como también la de medallitas con diferentes imágenes de los más popularizados santos católicos; ambos de difícil adquisición en la región.

También la vivienda campesina disponía de otras modalidades de protección. En esta oportunidad orientadas contra los fenómenos naturales, fundamentalmente las descargas eléctricas tan frecuentes en las áreas rurales. Mucho temor sentían los sitieros ante la probabilidad de la "caída de un trueno", de tan desastrosas consecuencias tanto por las pérdidas humanas como materiales que ocasionaban anualmente entre la población. Colgado detrás de la puerta de entrada al bohío no era raro encontrar un manojo de yerbas secas formado por guano, cardo santo, rompezaragüey y salvia.

Tan pronto comenzaba a tronar era quemado este manojo pronunciando repetidamente la sencilla invocación "Santa Bárbara bendita", con el objetivo de resguardar la casa de alguna descarga eléctrica. Para tales casos solía además conservarse un tarro de buey del cual, ante la inminencia de una turbonada acompañada de rayos, se fragmentaba un pedazo al que se le daba fuego siguiendo el mismo ritual antes mencionado.

Otro ritual mágico practicado por los campesinos de la región de Güinía de Miranda para contrarrestar los fenómenos naturales, era cortar un rabo de nube. Este suceso meteorológico, sin embargo, era poco frecuente en el Escambray debido a las características orográficas particulares de este macizo montañoso. Sólo una persona poseedora de la *gracia* que le otorgaba una mística religiosidad reconocida por todos, podía realizar este simple acto ante la presencia de un tornado.

Mediante la pronunciación de un sencillo rezo teniendo frente a la vista el rabo de nube, en nombre del Señor se cortaba con un machete hacia la dirección que ocupara en el cielo; haciendo después tres cruces en el aire para concluir clavando en tierra el instrumento cortante. También se podía disolver un tornado haciendo tres cruces con ceniza sobre la tierra. Al mismo tiempo, con una tijera o cuchillo en mano se rezaba pidiendo su destrucción, para terminar clavando en tierra el instrumento utilizado en donde debía permanecer hasta la fractura o disolución total del rabo de nube.

Incluso para la curación de aquellas dolencias a las cuales con tanta frecuencia estaba expuesta la población rural dentro de la cotidiana convivencia del medio en el cual se desenvolvían, en la mayoría de los casos se acudía a la religiosidad mágica como indispensable complemento de la medicina tradicional, muy empleada esta última entre el campesinado cubano. Pocas afecciones eran tratadas exclusivamente con la aplicación de la medicina verde; o con la combinación de ésta con fármacos de fácil adquisición en cualquier establecimiento comercial de la región. Esto si no tenemos en cuenta que el componente natural siempre debía incluirse en el cocimiento o pócima a suministrar en número de *tres*, y durante días sucesivos determinados por números impares o coincidentes con determinados hechos naturales.

Los métodos curativos empleando la magia simpática eran en extremo curiosos, tanto los que hacían uso de ésta en su forma más pura como aquéllos en que la misma se combinaba con determinadas cocciones preparadas con plantas o partes de animales. Malestares tan comunes como el empacho, la erisipela, el dolor de cabeza, el asma o el ombligo botado en los recién nacidos, eran tratados siguiendo esta mezcla de cocimientos con la mística supersticiosa. La eliminación del *tabardillo* constituía un curioso ejemplo del sistema curativo practicado en San José de Jicaya. El cocimiento que debía suministrársele al enfermo incluía cola de alacrán, al que se añadían fragmentos del cuesco de la parte inferior del carapacho de una jicotea.

El parto de una mujer campesina estaba envuelto de un halo mágico dentro de una mística actuación; encaminada únicamente hacia la feliz consecución tanto para la madre como para el hijo de un suceso tan natural como el nacimiento de un niño. Tan pronto como se presentaban los primeros anuncios del alumbramiento, a la mujer se le comenzaba a suministrar pequeñas dosis de un cocimiento preparado a base de canela con mejorana, cuyo objetivo era prepararla físicamente para la *fuerza del parto* necesaria que esta función demandaba de ella. Al parto seguía la *cuarentena*, tiempo de cuarenta días que la mujer debía guardar celosamente con el más estricto cumplimiento de los preceptos que este período de recogimiento obligatorio prescribía.

Durante la cuarentena, la recién parida se mantenía con el cabello recogido a la vez que cubierto mediante un paño blanco que se amarraba a la nuca en evitación de *coger frío* en la cabeza —la que mucho menos podía lavar—; además de taponearse los oídos para no quedar sorda. Sólo podía bañarse, o preferiblemente lavarse determinadas partes del cuerpo, a partir del noveno día; estándole prohibido exponerse a la luna. Durante este tiempo –considerado *sagrado*–, la mujer no podía tener relaciones sexuales con el marido pues la matriz, que se encontraba en esos momentos *descentrada*, con el más mínimo esfuerzo podía salirse del lugar. El nombre que debía dársele al niño se tomaba del santoral católico de acuerdo con el día del nacimiento, porque de lo contrario la persona *perdía la gracia* de que venía acompañada al momento del nacimiento.

La profilaxis que debía seguirse con el ombligo del recién nacido también se regía por ciertos preceptos mágicos. Primero la partera lo curaba con aceite de palo amarrándolo con un cordón especial, más la aplicación de un talco inodoro que junto al anterior se incluía en los *paquetes para dar a luz* –el que además comprendía gasa, hila, tijerita y jabón medicinal–. Este producto, a un precio que oscilaba alrededor de dos pesos, podía adquirirse en cualquier establecimiento comercial del pueblo. El método empleado para que el ombligo botado volviera a su lugar sanando definitivamente, seguía una curación sencilla.[10]

[10] Este método curativo aparece explicado en el capítulo "La medicina tradicional", incluido en este libro.

Si el onomástico católico de San Juan coincidía con el tiempo en que transcurría la cuarentena, ese día el recién nacido debía mantenerse cargado sacándolo de vez en vez al exterior de la vivienda para que cogiera aire. De no hacerse así, el niño quedaría expuesto a que el ombligo le cogiera *bichos* como sucedía con las aves.

Junto al catolicismo popular, que como doctrina religiosa más generalizada entre el campesinado predominaba en la región de Güinía de Miranda, pervivían otras creencias sin embargo con menor raigambre dentro de la población rural. La *santería*, cuya fundamentación mágica está basada en los cultos de origen africano, era poco practicada en el barrio. Algunas representaciones suyas únicamente se manifestaban hacia las fincas aledañas al territorio de Trinidad, con mayor presencia de pobladores negros y mestizos. El *santero* más conocido en los alrededores de San José de Jicaya era un moreno viejo nombrado Mamerto, residente en Las Calabazas.

Por otra parte estaban los escasos creyentes del *espiritismo*, en particular el llamado *espiritismo de caridad*. Para realizar las prácticas propias de esta concepción religiosa fuertemente arraigada en otras localidades de la provincia, estos creyentes se veían obligados a trasladarse hasta los *centros* que conformaban los *grupos espíritas* establecidos bien en las ciudades de Trinidad y Ciego de Ávila.

A partir de los años cincuenta, la figura de Clavelito, con su teoría del *agua magnetizada*, había ganado muchos admiradores entre el campesinado de la región. Diariamente sus seguidores escuchaban su mensaje místico a través de la radio nacional, en ocasiones trasladándose largas distancias hasta la vivienda de un vecino que dispusiese de un receptor de trasmisión con baterías. En muchos bohíos de la finca no faltaba, como este singular personaje preconizaba, el visible vaso con agua delante de la imagen de Clavelito; tomada ésta de las páginas de alguna revista en las cuales había aparecido un artículo dedicado a divulgar su doctrina. Algunos pobladores del lugar no dejaban de considerarlo un verdadero charlatán.

En cambio, la secta religiosa de los Testigos de Jehová sí contaba con un buen número de adeptos dentro del campesinado de la región. La única literatura religiosa que encontré en poder de los sitieros de la finca fue precisamente la que distribuían estos predicadores rurales. Eran unas publicaciones en formato grande parecidas a revistas denominadas *La Atalaya* —lo que les había hecho ganar a estos creyentes el sobrenombre de *los atalayas*–; que entre otros textos incluían versiones bíblicas. Así como encontré libritos con excelente impresión, en un formato pequeño, contentivo del Nuevo Testamento. Nadie en la finca poseía la Biblia.

Las Sagradas Escrituras, además de diversas publicaciones específicas de esta secta, las portaban estos *hermanos* que, de manera periódica, visitaban a los vecinos inmediatos en la a veces impositiva labor de proselitismo tan característica que ellos practicaban. Los sitieros evitaban recibir en sus viviendas a estos impertinentes divulgadores de la palabra de un Dios que nombraban Jehová. Sobre todo porque solían aparecerse a las horas más inoportunas del día, imponiendo una prolongada estancia que les hacía perder un tiempo que en realidad necesitaban para la ejecución de las diversas labores que la atención de la casa o del campo requería de cada uno de los miembros de la familia. El mayor número de Testigos de Jehová de la región se localizaba en Las Calabazas y Potrero de Güinía.

Los dos *testigos* que con bastante frecuencia visitaban el bohío de Celestino eran Ubaldo Puerta en compañía de uno de sus jóvenes hijos. Los Puerta poseían un sitio dedicado al cultivo del tabaco, en Las Calabazas, que colindaba con el camino que conducía al Agabama. Siempre que pasaba por allí veía a los miembros masculinos de la familia trabajando afanosamente la tierra que les daba el sustento.

La malintencionada Nena, que ninguna oportunidad desaprovechaba para mofarse de sus semejantes, me contaba con una gracia sin igual cómo los Testigos de Jehová de los alrededores habían ido a esperar al Armagedón hasta el apeadero de Sopimpa. Según las predicciones, para ese día estaba anunciada la llegada del apocalipsis. Ellos lo habían tomado como un personaje importante dentro de la secta, llevándole incluso un caballo para su uso además de agua para beber, así como algo de comida ligera para que el visitante se recuperara luego de tan prolongado viaje en tren. Nunca supe si en realidad había sido cierta aquella historia que ella me contaba con cierto tono burlón.

EL BAUTIZO DE AGUA

En aquellas apartadas regiones del Escambray, antes de que el recién nacido cumpliera los cuarenta días tenía lugar el *bautizo de agua*. Mediante esta sencilla actuación, la pareja que fungía como padrinos del niño, en compañía de los padres del mismo, practicaban un ritual semejante al realizado por el sacerdote en la iglesia. Durante esta ceremonia simbólica se rezaba en silencio; mientras uno de los componentes de la pareja a la cual estaba asignado el padrinazgo cargaba al niño: el varón por la madrina y la hembra por el padrino.

Después se esperaba la visita anual del sacerdote a la finca, o bien el día previamente fijado por los interesados en que se trasladaban hasta el pueblo más cercano que tuviera iglesia, para proceder al bautizo oficial. En ambos casos, era el padrino quien debía sufragar los gastos en que se incurriera para la consecución de este suceso eminentemente cristiano.

El objetivo del bautizo inicial era en evitación de que si por cualquier circunstancia el niño fallecía antes de realizarse la ceremonia oficial, éste no muriera *judío* o *hereje*. El encargado de agrupar en un lugar determinado a los menores que debían bautizarse el día de la visita a la finca señalada por el sacerdote –previo acuerdo con el padre y los padrinos del niño–, era un isleño nombrado José González que residía en El Bejuco, una finca cercana a San José de Jicaya. La mayoría de los niños de la región de Güinía de Miranda estaban bautizados siguiendo la tradición popular, así como de acuerdo con el sacramento establecido por la iglesia católica.

El primer saludo que debía dispensarle el ahijado al encontrarse con cualesquiera de los padrinos era pedirles la bendición; a lo que éstos respondían con la mecánica fórmula de "Dios lo bendiga, hijo"; al mismo tiempo que le extendía la mano estrechándosela. Esta práctica estaba extendida también, aunque con mucha menos frecuencia, hacia tíos y abuelos.

En la región de Güinía de Miranda era muy usual presenciar esta habitual salutación ritual. El compadrazgo era una institución de carácter filial ampliamente extendida entre el campesinado del Escambray por la significación, además de religiosa, que la misma tenía en la doble modalidad de que los padrinos se convertían, de hecho, tanto en los "segundos padres" del niño como también en las personas de máxima responsabilidad respecto al ahijado.

Los padrinos quedaban obligados a proteger material y espiritualmente al ahijado en ausencia de los progenitores; o ante determinadas circunstancias desfavorables a las que éstos pudieran quedar expuestos. De ese modo, las familias rurales —de por sí con numerosa descendencia— quedaban enlazadas por múltiples relaciones de padrinazgo. A ellas se añadían, además, los infinitos vínculos consanguíneos que en ocasiones conformaban una complicada urdimbre de parentescos, a simple vista reflejada en la más disímil combinación de apellidos.

LA NAVIDAD RURAL

Los días fríos que transcurrían bajo un cielo encapotado y lluvioso la mayor parte de las veces, haciéndose acompañar de noches con madrugadas en que las temperaturas descendían tanto que tal parecía que nos helábamos, constituían la inequívoca señal de que se acercaba el fin de año. Los amaneceres en el Escambray se habían tornado particularmente húmedos y fríos. Desde el descampado alto donde se asentaba el bohío de Lila podía contemplarse el sitierío como sumergido dentro de un espumoso mar. Era la densa neblina que lo envolvía, extendiéndose en lontananza hacia el valle del Agabama, apenas dejando visible las partes más elevadas de las azuladas montañas que flanqueaban el amplio plano del caudaloso río. "Llegó la Navidad", le dije a la maestra en el patio después de darle los buenos días, y riéndonos de nosotros mismos porque nuestras bocas y narices "echaban humo" mientras hablábamos.

Pero el más elocuente anunciador de la llegada de la Navidad correspondía a las flores del aguinaldo y la de pascua. Ya desde los primeros días de diciembre rompían la monotonía del paisaje rural, que entonces se vestía de nuevos colores. El aguinaldo, con las típicas hojas acorazonadas entre las abundantes flores blancas en forma de campanillas, tan solicitadas por las abejas, invadían los potreros pertenecientes a los Marrero a ambos lados del camino, desde la entrada de la finca hasta el mismo arroyo Los Prados; tomando las cercas inmediatas, que se cubrían de una enmarañada red de bejucos.

Curiosamente ausente en el sitierío de San José de Jicaya densamente ocupado por sembrados productivos, esta planta silvestre se veía confinada entonces hacia las bajas laderas de La Corúa, enredando sus rastreros bejucos sobre los ramales de los cafetos y los matorrales.

La flor de pascua también estaba ausente en San José de Jicaya. Sin embargo, el frente y los patios de la mayoría de las casas del pueblo, fundamentalmente las que se agrupaban a ambos lados del largo camino que constituía el callejón del Desengaño, estaban profusamente sembrados de este arbusto. Era frecuente la presencia de esta vistosa planta ornamental en los jardines familiares de los pueblitos rurales. La sola entrada a Güinía de Miranda por el cementerio al fondo del callejón del Desengaño, constituía ya la certeza de que había llegado la Navidad.

Los sitieros de San José de Jicaya ya se preparaban para la celebración de los festejos de fin de año, en medio de un cálido ambiente navideño que a todos contagiaba con una sana alegría. Güinía de Miranda estaba más animada que de costumbre durante esos días en que la calle principal se engalanaba. Los establecimientos comerciales, prodigiosamente adornados, exhibían la más típica mercadería de ocasión al gentío que invadía el poblado; junto a los vendedores ambulantes que, en improvisados entarimados bajo los portales o a la intemperie, ofrecían el apetitoso pan con lechón asado en una bulliciosa competencia de precios. Jamás he vuelto a saborear un turrón de maní tan delicioso como el que para las Navidades vendían en las bodegas del pueblo.

Con una significación y contenido propios, desprovista en parte del verdadero sentido religioso intrínseco a la rememoración, en la región de Güinía de Miranda la Navidad revestía características particulares que diferenciaban esta celebración de las que tenían lugar en otras localidades cubanas. Los días 25 y 31 de diciembre constituían dos fechas significativas dentro del calendario festivo del campesinado de la región.

La típica nochebuena guajira en la región de Güinía de Miranda consistía de una sencilla comida a prima noche con el imprescindible puerco asado como plato principal del día, adicionado al menú habitual. Además estaban presentes diferentes dulces caseros preparados con frutas de estación, así como de aquellas bebidas consideradas navideñas y representadas por las distintas variedades de vinos embotellados nacionales o españoles, adquiridos en cualesquiera de los establecimientos comerciales de la localidad.

El resto de la noche, los mayores —en particular los hombres solteros— lo dedicaban a *fiestar*, bien recorriendo el vecindario de casa en casa o asistiendo a los bailables que por esos días tenían lugar en las bodegas localizadas en el interior de las fincas. Similares bailables se efectuaban también en los establecimientos comerciales y parques de los pueblos cercanos, a los cuales sin embargo no concurrían por lo general los sitieros, quienes preferían reunirse en familia y entre amigos. Tanto el 24 como el 25 de diciembre lo dedicaban los campesinos a divertirse o a descansar, no trabajando la tierra durante esos dos días.

El puerco asado para la comida de Nochebuena lo sustituía, la del 31 de diciembre, alguna variedad de carne de ave —guineo, pollo o preferiblemente pavo—, así como el arroz blanco por el congrís. El postre lo constituían los buñuelos endulzados con azúcar o una almíbar diluida. El consumo de los vinos y los dulces caseros se reservaban para ya cercana la medianoche.

El año nuevo se esperaba dando fuertes golpes contra una lata vacía que llenaba de un ruido ensordecedor los alrededores inmediatos. Luego se tiraba agua hacia el exterior de la vivienda desde la puerta principal, al mismo tiempo que todo el bohío se *sacudía* con un gajo de albahaca con el objetivo de que el siguiente año *entrara bueno*. Tanto en las bodegas del campo como en los establecimientos comerciales, parques e instituciones sociales de los poblados aledaños, el año se esperaba con animados bailables al que asistía numerosa concurrencia de la localidad y de las fincas cercanas.

El 31 de diciembre constituía para el sitierío de San José de Jicaya el más importante dentro de la celebración navideña. Ésa era una noche de *estrenos*. Gran parte del año lo dedicaba el campesino a la cría de animales para en diciembre, con el producto de la venta –siempre reservando al menos uno para el consumo del hogar–, poder adquirir la ropa y el calzado necesarios a toda la familia para los doce meses venideros. Ése era el día más feliz para los pobladores de la región de Güinía de Miranda; –en particular los niños–, los que orondos lucían su vestimenta recién comprada en medio de la contagiante alegría de la Navidad.

LA SEMANA SANTA CAMPESINA

Otra de las manifestaciones de la religiosidad del campesinado de la región de Güinía de Miranda era la Semana Santa. Los siete días correspondientes a este evento, considerados como sagrados, se guardaban con recogimiento y devoción. La dieta familiar durante esa semana consistía únicamente de granos, viandas, huevos y bacalao. Este último alimento era sólo consumido el viernes, pues el hombre de campo no era muy dado a la ingestión de pescados y mariscos. El jueves y el viernes dejaban de trabajar la tierra para quedarse descansando en la casa en compañía de la familia.

El viernes santo, algunos campesinos acostumbraban a levantarse antes de que saliera el sol para proveerse de agua corriente de arroyos y manantiales. Considerada por ellos *bendita*, luego era utilizada para la curación de diversas dolencias. Esa agua también se empleaba para acompañar las oraciones que durante el viernes se dirían en cada una de las viviendas campesinas; mientras se rezaba, se bebía medio vaso de esa agua bendecida naturalmente.

Por lo general, el Sábado de Gloria había *bailables* en las bodegas de los poblados inmediatos. Sin embargo, los sitieros no gustaban de concurrir a estos jolgorios enmarcados dentro de unos días considerados por ellos como de obligado recogimiento. Preferían mantenerse alejados de todo bullicio con carácter festivo ajeno por completo a los sucesos que habían dado origen a la Semana Santa. Hechos éstos que, en la gran mayoría de los casos, su significación religiosa verdadera era del desconocimiento del campesinado de la región.

La celebración de la Semana Santa en Trinidad, que además del ritual litúrgico propio comprendido dentro de esta conmemoración anual —matizada sin embargo de un innegable carácter de festejo popular— reproducía la pasión de Jesús siguiendo la antigua tradición española, tenía reconocida fama en toda Cuba. Con los desfiles procesionales, la pompa de las imágenes y los ritos semanasanteros, había sido comparada con su homóloga en Sevilla.

Personas procedentes tanto de las poblaciones y fincas aledañas como de los más distintos puntos del país —incluida la capital—, arribaban esos días a la vieja villa trinitaria para participar, ya con verdadera devoción cristiana o simple curiosidad pagana, en los pintorescos y a la vez sentidos ceremoniales religiosos. Julito Puig, trinitario rellollo y de pura cepa, desde que residiera en Güinía de Miranda jamás dejaba de concurrir cada año, en compañía de su esposa e hijos, a su natal Trinidad para participar en esta tradicional celebración villareña.

LA MONTAÑA
EMBRUJADA

La Corúa era el nombre local que los pobladores de la región daban a una alargada cordillera montañosa que, extendiéndose sobre una reducida superficie desde Los Prados hasta el final del callejón de Las Calabazas, formaba parte del macizo septentrional de Guamuhaya al sur de Güinía de Miranda. Con una elevación máxima de algo más de cuatrocientos metros de altura, hacia el sitierío inmediato La Corúa presentaba una ladera escarpada. Por el contrario, la vertiente opuesta descendía suavemente al encuentro del estrecho y sinuoso valle del río Seibabo, otro de los afluentes del Agabama.

Una exuberante vegetación de bosque semivirgen ascendía por la abrupta pendiente, en donde en apretada unión alternaban añosos cedros, algarrobos, ocujes[11], bayúas[12], mangos y aguacates;

[11] *Calophyllum antillanum*

[12] *Zanthoxylum caribaeum*

sin faltar la erecta palma real[13], con sus penachos emergiendo de entre la frondosa techumbre vegetal. Varias especies de majá[14] componían la riquísima fauna silvestre que en toda su extensión poblaba La Corúa. Escurridizas jutías[15] en los árboles convivían con cerdos, perros y gatos jíbaros[16]; mientras sobre el ramaje lujurioso anidaban diversas variedades de pájaros silvestres. La sinfonía múltiple de guariaos, caos, zorzales[17], torcazas[18] y tocororos[19] ensordecía el entorno; junto al monótono picotear del carpintero contra los troncos de los árboles, ante la suspicaz mirada de las coloridas cotorras o la temible presencia del majestuoso gavilán[20], que tantos estragos causara en los gallineros del sitierío. Nadie sabía por qué aquella loma había tomado el nombre de una palmípeda acuática[21] inexistente y desconocida en el lugar.

---

[13] *Roystonea regia*

[14] *Epicrates angulifer*

[15] *Capromys sp.*

[16] *Felis catus*

[17] Turdus plumbeus

[18] Patagioenas inornata

[19] *Priotelus temnurus*. Ave nacional de Cuba

[20] *Chordeiles acutipennis*

[21] El autor se refiere al ave *Phalacrocorax brasilianus* conocida en Cuba como corúa

El camino de herradura que desde San José de Jicaya conducía al alto de La Corúa constituía un estrecho trillo que, transitando sobre un suelo pedregoso y resbaladizo, se adentraba atravesando la tupida vegetación arbórea cuya altura apenas dejaba pasar la luz del sol. Todo el trayecto por aquel incómodo sendero transcurría dentro de una penumbra húmeda, que a pocos pasos provocaba al caminante una sensación de calor enervante acompañada de una copiosa sudoración que con rapidez se enfriaba sobre el cuerpo. Había momentos en que el trepidante sonido que emitían las chicharras cantando al unísono ensordecían de tal manera el entorno, que hacía insoportable una permanencia prolongada en el lugar. A esta calamidad se unían los silbidos intermitentes de los grillos que, conjuntamente con el eterno zumbar de los insectos, hacían imaginar que aquel bosque estaba animado de una vida invisible.

Una vez que se tomaba el solitario trillo de La Corúa, un extraño desasosiego se apoderaba incluso del más corajudo de los viajeros, obligándolo a apurar el paso para a toda prisa salir de aquel opresivo camino. Por su vegetación y sonidos peculiares, aquel lugar me recordaba algunos parajes de la Sierra Maestra que había conocido. Pero, a diferencia de aquéllos, la humedad que se respiraba en La Corúa era más densa, palpándose casi con la mano en medio del sopor irradiado de las entrañas de la tierra, que mantenía una pesada bruma que naciendo a ras del suelo ascendía con lentitud nublando los alrededores.

Hoy creo que mi desagradable impresión sobre aquel lugar más bien estaba influida por las habladurías de los sitieros que por las peculiaridades intrínsecas de la naturaleza del paisaje. Fue cuando estuve dentro de La Corúa que comprendí que los temores de Dionisio Jiménez no eran infundados. De cualquier modo, después evitaría transitar solo por aquel camino, el que prefería hacer exclusivamente durante las horas diurnas aunque fuera acompañado.

La Corúa era una loma embrujada, según la creencia popular de los moradores de la región de Güinía de Miranda. Diversas historias sobrenaturales sobre aquel inhóspito paraje circulaban de boca en boca entre los campesinos. En Palmar Blanco, lugar de La Corúa localizado al fondo de los Martínez, muchos juraban haber visto durante las noches sin luna salir una brillante luz blanca que, emergiendo de unos jagüeyes[22] allí existentes, viajaba despacio hasta una distante ceiba[23] solitaria de la colina para desaparecer de nuevo sobre la frondosa cúpula del árbol. Hueco del Muerto, una extensa hondonada ocupada por un cafetal detrás de la vivienda de Julio Marsilla,

[22] *Ficus citrifolia*

[23] *Ceiba pentandra*

era temida por las "apariciones" que con frecuencia allí solían presentarse.

La más divulgada de las visiones de Hueco del Muerto, quizás más por la personalidad de quien la enfrentara que por los alarmantes comentarios que suscitara, fue la que presenciara Juana Mesa mientras recogía café en aquel lugar. Contaba esta mujer que en ocasión de dirigirse hacia un manantial cercano en busca de agua para beber, se encontró con un desconocido con el que estuvo hablando animadamente un buen rato, hasta que al escuchar la conversación de sus compañeras de faena que se acercaban al lugar donde ambos se encontraban, el hombre desapareció ante sus ojos sin dejar rastro. Cuando Juana Mesa, recuperada de lo que había presenciado, contó a las otras lo sucedido, las mujeres huyeron despavoridas del cafetal. Juana Mesa era una mujer extraña, pero enemiga de bromas o cuanto propiciara chanzas en torno a su persona. Mujer de temple y dotada de una recia personalidad que infundía respeto a quienes la trataban, ni con los hijos ni la mayoría de sus vecinos en Las Calabazas mantenía las mejores relaciones.

El día que Tomás Bravo se presentó en su bohío con un antiguo ladrillo que había encontrado en La Corúa, se confirmó al fin la misteriosa existencia del camino pavimentado que muchos decía haber visto durante la travesía por la loma. Según estos testigos, al tomar de nuevo por el mismo lugar ya aquellos ladrillos perfectamente alineados sobre el trillo habían desaparecido sin dejar rastro. Con la idea de recoger algunos más que emplearía en el fogón de la casa, Tomás Bravo regresó al lugar donde había encontrado el primero para con asombro descubrir que la calzada ya no se encontraba allí ni por los alrededores. No así el que mantuvo en el patio de su vivienda hasta que con los años se destruyó, el cual había conservado para curiosidad de los sitieros que iban a ver el enigmático ladrillo.

Sin embargo, la más temida de las leyendas que en torno a la embrujada loma circulaba entre los campesinos de la región era la del diablo que, en forma de perro, se le aparecía a los jinetes por el camino de La Corúa a Seibabo. Según contaban los sitieros, al mismo tiempo que se persignaban, este misterioso perro acompañaba al viajero a la vez que gradualmente iba creciendo hasta que, alcanzando el tamaño de la bestia, desaparecía del mismo modo como se había presentado.

Perfecto Martínez era uno de los pocos campesinos de San José de Jicaya que no creía en aquellos "cuentos de camino", como solía referirse con sorna a las habladurías que sobre el embrujamiento de la loma afirmaban los moradores del lugar. Él tenía una pequeña tumba en las laderas de La Corúa sembrada con malangas, además de algunas dispersas plantaciones de plátanos que le exigían permanecer gran parte del día dedicado a la atención de esos cultivos. Incluso había noches en que se quedaba a dormir en el rancho por él mismo construido junto a las tierras desmontadas.

Con la sonrisa asomándole al pícaro rostro, al mismo tiempo que acariciaba el mango del afilado machete que dentro de la vaina colgaba de la cintura, Perfecto Martínez aseguraba que a él no se le presentaría ninguna "visión" para asustarlo. Una tarde, a petición suya, lo acompañé hasta la retirada tumba de La Corúa. Allí durante largo rato estuvimos conversando sobre diversos asuntos; sin otro percance desagradable que la parduzca mancha que sobre la espalda de la camisa me dejó el racimo de plátanos con que me obsequió en la loma, y el cual tuve que bajar yo mismo desde la tumba hasta la vivienda de Lila Jiménez.

LA VELADA DEL MUERTO

Jacinto Jiménez falleció la tarde del lunes 14 de noviembre. La noticia la llevó a la casa Desiderio, el que siguiendo la costumbre en la región, además de cómo miembro allegado a la familia del difunto de quien era ahijado, sería el encargado de dar a conocer al resto de la comunidad rural del deceso recién acaecido. Al mismo tiempo, quedaba formalizada la participación de los vecinos de la finca a las honras fúnebres que debían rendirse al que en vida había sido uno de los campesinos más respetado y querido del lugar.

Simultáneamente, y con el mismo objetivo, otros emisarios –ya fueran familiares designados al efecto o cualquier persona que se brindara por propia voluntad– partirían hacia diversos puntos distantes de la región para dar la mala nueva a parientes, amigos o conocidos del muerto. Más que la profunda consternación que provocara este sin embargo tan natural acontecimiento en una apartada localidad campesina, en donde los moradores a pesar de todo constituían una gran familia unida a veces por invisibles lazos de confraternidad, estaba sorprendido por el espontáneo movimiento humano que desde el primer momento de conocida la noticia se desplegaría en torno al hecho; el cual se extendería más allá de los límites territoriales de la finca.

Aún era de día cuando llegamos a la vivienda de Jacinto, en donde transcurrirían las veinticuatro horas que exigía la *velada del muerto*. Para sorpresa mía, a tan escasos minutos de haberse producido el deceso del viejo cabeza de familia ya la casa se encontraba llena con los primeros vecinos de la finca, que habían acudido a expresar sus condolencias a los moradores del enlutado bohío. Todo allí era un continuo trasiego de personas que, hablando en voz baja, se desplazaban silenciosamente de un lugar a otro de la vivienda; ocupándose en los más disímiles menesteres requeridos por la ocasión y que hasta el siguiente día los mantendría ajetreados buena parte del tiempo.

Los vecinos más cercanos prestaban los taburetes que alguien de la familia iba acomodando tanto en la sala, ahora desprovista del mobiliario habitual, como en el espacioso patio lateral destinado a la estancia de los visitantes que, poco a poco, iban llegando a pie o a caballo en una interminable caravana que no cesaría ni en la madrugada. Mientras, en la cocina, las atareadas mujeres preparaban sin descanso la abundante comida que debía brindársele a tanto viajeros que desde remotos lugares acudirían a la velada. La res que para tal ocasión había ofrecido Carmelo, fue sacrificada detrás de la casa de tabaco antes de que anocheciera. El pilón, destinado ya para descascarar el arroz o pulverizar el grano seco de café, no pararía de sonar en toda la noche y a la mañana siguiente.

El cadáver de Jacinto yacía sobre la colombina de hierro que usara en vida, a cuyo bastidor se le habían adicionado varias tablas, arrimada hacia uno de los extremos del dormitorio donde había fallecido, con los pies orientados hacia la puerta. Vestido con una amarillenta guayabera blanca de su propiedad, un pantalón de vestir negro y calzado con medias de algodón azules, resaltaba aún más la palidez de aquel rostro de nariz afilada por la muerte. Sobre los brazos recogidos hacia el pecho estaba colocado el viejo sombrero con el cual lo conociera apenas dos meses atrás; al cual Adelaida se preocupaba de mantener cubierto con flores silvestres que constantemente rociaba con agua fresca, en evitación de que el calor del recinto cerrado las marchitara tan pronto. Tres gruesas cepas de plátano semejantes a cañones vergonzantes, distribuidas dos a la cabecera y la otra al pie de la colombina, sostenían unos velones de cera que debían mantenerse ardiendo durante toda la velada.

Sencillas coronas armadas sobre un arco de varillas de madera con pie, al que se le adicionaba un acojinamiento relleno de paja seca forrado con papel corriente, que permitía la inserción de la más diversas variedad de flores de la jardinería local, recostadas contra las paredes rodeaban el lecho mortuorio. Tampoco faltaban búcaros y frascos de cristal cargados de flores silvestres que manos piadosas iban colocando sobre el piso de tierra alrededor del muerto. Estas coronas carecían de la tradicional cinta morada con las dedicatorias que sobre la misma hacían imprimir los dolientes; como también era la primera vez que veía coronas confeccionadas con flores de papel, que tan desagradable impresión me causaran al parecerme estar en presencia de objetos de utilería.

En Güinía de Miranda no había establecimientos dedicados a la preparación de artificios florales ni destinados a brindar servicios fúnebres. Había personas que, de manera gratuita o mediante un precio módico, se dedicaban a la confección de las coronas cuando conocían o eran avisadas del fallecimiento de algún vecino del pueblo o de los alrededores inmediatos. Las flores que conformaban estas coronas —procedentes de los patios particulares— se recogían en canastas de casa en casa; o en su defecto, estas caritativas personas las hacían con papeles de colores que se adquirían o les eran obsequiados por los dueños de las tiendas de la localidad. En estos establecimientos comerciales también podían comprarse a precios bajos las más diversas variedades de velas de cera, tanto las requeridas para la velada del muerto como para los distintos usos de carácter religioso practicados por los habitantes de la región.

La confección del ataúd debía encargarse con suficiente antelación para que estuviera listo para el momento del entierro. Para este trabajo artesanal, en la mayoría de los casos el doliente debía entregarle al carpintero la madera necesaria para la caja, así como la tela oscura con que debía forrarla tanto por dentro como por fuera. Muchos campesinos guardaban suficientes tablas aserradas para este propósito. De este modo evitaban el gasto adicional que les ocasionaría si el carpintero, además de la mano de obra, tenía que aportar el maderamen requerido para la construcción del receptáculo mortuorio. Estos ataúdes rústicos carecían de ventanas de cristal. Cuando el cadáver era velado dentro del mismo, éste se mantenía desprovisto de la tapa hasta el momento de la salida del entierro; pero eran sólidos y resistentes para el transporte a largas distancias que en ocasiones se veían expuestos a soportar.

Víctor de la Gándara era el único carpintero encargado de la confección de ataúdes en Güinía de Miranda. La autorización para proceder a la inhumación de los cadáveres en el cementerio del pueblo, la daban las autoridades civiles de la localidad. A éstas debía darse cuenta con suficiente antelación de la hora del entierro.

Sólo los familiares más allegados a Jacinto –en particular las mujeres– ocupaban parte de la reducida estancia en donde estaba expuesto el cadáver. Dionisio y Carmelo, los dos hijos mayores del difunto, eran los que recibían los primeros pésames en la sala atestada de gente; invitando a los recién llegados a pasar a la habitación mortuoria en donde continuarían ofreciendo las demostraciones de doloroso respeto a la viuda, hijos y nietos adultos del fallecido. Sergio, uno de los nietos mayores de Jacinto, se ocupaba diligentemente de la dirección de la entonces caótica casa en ausencia de la madre, que permanecía silenciosa junto a la cama donde yacía el padre.

El sofocante calor reinante en el ambiente, la extraña combinación de olores que producía el perfume de las flores al mezclarse con el penetrante aroma de la esperma derritiéndose y las plañideras voces femeninas que a intervalos rompían el silencio nocturno con sus oraciones, me hicieron salir de la casa hacia el patio en donde algunos conversaban quedos entre sí mientras los más dormitaban sobre los recostados taburetes. Hacia la medianoche, la maestra se había retirado a recostarse al otro dormitorio de la vivienda, el cual en esta oportunidad fungía como cuarto de huéspedes para mujeres y niños que, en improvisados lechos, se acomodaban como quiera.

El entierro salió de la casa después del mediodía. Sólo momentos antes de partir, el cadáver había sido depositado dentro del ataúd que recién había llegado de Güinía de Miranda, transportado sobre un mulo. El cortejo fúnebre, con el sarcófago cargado a cuesta por los hombres seguidos de cerca por las mujeres de la familia con el resto de los acompañantes, inició el despacio recorrido por el camino real que esa tarde me pareció interminable. La larga hilera la cerraban algunas personas a caballo que en marcial procesión marchaba tras el lento paso de la caravana. A lo lejos divisé a la bella Oristela, una de las nietas del difunto, montada sobre el brioso corcel negro de su propiedad.

A solicitud de los hijos, la viuda, demasiado anciana para emprender tamaña caminata, se había quedado en el bohío junto a otras personas allegadas que se brindaron para acompañarla hasta el regreso de aquéllos del cementerio. Al paso del cortejo mortuorio, todo transeúnte casual en el camino o persona que se encontrara trabajando cerca del mismo, luego de persignarse descubriéndose la cabeza, se sumaba a la caravana para ayudar con la conducción del ataúd al menos durante un trecho.

A la entrada del cementerio se encontraban varios vecinos del pueblo que desde hacía rato aguardaban la llegada del entierro. Entre ellos se encontraba Julito, viejo amigo de los Jiménez, quien de inmediato se acercó a los hijos del difunto para darles el pésame. Me quedé conversando con él bajo la vetusta portada de acceso al camposanto, mientras hacia el fondo de aquella necrópolis rural, en un hueco recién cavado, transcurría la inhumación de Jacinto Jiménez.

Nueve días debía permanecer cerrada la puerta principal de la vivienda de los familiares más allegados al fallecido, como señal de duelo. A la vez que, durante ese mismo tiempo, a partir del día siguiente al del entierro, se daba inicio a la *velada de los nueve días* con la participación de parientes y amigos del difunto. En la velada, diariamente se encendía una vela en el mismo lugar en donde había estado expuesto el cadáver, a lo que se acompañaba la recitación de oraciones fúnebres que coreaban los participantes. En ocasiones este ritual solía realizarse al noveno día del entierro; con la única diferencia del anterior de que entonces debían encenderse nueve velas al unísono, también secundado con los rezos de los presentes según la costumbre establecida.

Otras manifestaciones cotidianas, tanto en el aspecto externo como en el comportamiento habitual que debían observar los dolientes, eran señales evidentes de que una familia estaba pasando por un período luctuoso. Mientras las mujeres debían vestirse con ropa negra de mangas largas, los hombres adicionaban una banda de aquel color alrededor de la copa del sombrero o del antebrazo sobre la manga de la camisa. Los niños menores de siete años no guardaban luto en la vestimenta; pero sí en el comportamiento y en la conducta pública o privada mediante el recordatorio por parte de los mayores de que había duelo en la familia. El tiempo que debía mantenerse el luto en la ropa dependía del vínculo de parentesco con el muerto; un año si el fallecimiento era de uno de los padres, y dos cuando correspondía a los hijos. En cambio, la viuda conservaba luto eterno si no volvía a casarse de nuevo, en que entonces quedaba liberada del duelo.

Las tradicionales costumbres luctuosas propias del campo cubano fueron en gran medida seguidas al pie de la letra en la que fuera vivienda de Jacinto. Durante el tiempo establecido, el bohío se mantuvo cerrado al exterior para sólo abrirse a la mañana siguiente a la velada de nueve días. Los espejos y cuadros fueron descubiertos de los paños blancos que les cubrían, los adornos repuestos a los originarios lugares de la casa que ocupaban y retiradas las tiras de tela negra del colmenar. La tarde del fallecimiento del anciano, la propia hija había bajado hasta el cafetal para *poner luto* a cada una de las cajas que conformaban el colmenar.

Según la creencia popular, cuando alguien moría en una casa donde hubiera colmenas, éstas debían enlutarse con cintas negras para que las abejas no abandonaran los panales. Aunque en aquel momento consideré esa actuación como una absurda superchería, no deja de ser cierta la actitud que asumen algunos animales domésticos ante la presencia de la muerte en el hogar que comparten con los seres humanos. Los perros suelen aullar lastimeramente anunciando el deceso de algún miembro de la casa para, luego de acaecido, esconderse bien ocultos bajo cualquier rincón negándose a salir hasta pasado un tiempo. Por su parte, los gatos abandonan las viviendas del dueño no regresando jamás, o volver para morir en el lugar en donde vivieran con el amo.

EL TESORO DE LA CEIBA

Gracias a Silvano, pronto descubriría los rincones más recónditos que escondía la finca Lagunita. A su paso por el batey nunca dejaba de acudir en mi busca para que en su compañía pudiera conocer algún lugar del entorno hasta ese momento ignorado por mí. Invitación que además aderezaba de alguna excelencia imaginaria o real que él mismo le atribuyera, con el objetivo de suscitar mi interés.

Silvano era un hombre que firmemente creía que los muertos salían, vagando sus almas en pena por los solitarios caminos. Como también tenía la certeza de que Lagunita era un verdadero emporio de riquezas, como depositaria de numerosos tesoros escondidos que sólo esperaban por el mortal elegido para que los fuera a desenterrar. Fue Silvano quien a escondidas de Marcelo me llevó una mañana hasta el pie de la ceiba centenaria que en medio del cafetal, entre la casona y la entrada del callejón, se erguía solitaria hacia el cielo emergiendo sus altas ramas sobre las tupidas copas de la vegetación que la rodeaba.

Según la creencia popular, el cafetal que envolvía la casona estaba embrujado. En las noches de novilunio, se escuchaban los lamentos lastimeros de los seres fantasmagóricos que lo poblaban. Asimismo, en ocasiones se dejaban ver unas enormes bolas de candela que, en unión de unos fulgurantes destellos lumínicos, alumbraban los contornos del cafetal con una luz cegadora capaz de fulminar con la muerte al curioso que osara detenerse a contemplarlas, como muchos afirmaban convencidos. En varias oportunidades Ofelia las había observado desde lejos, según me contara, cuando por sus ocupaciones domésticas siendo una muchacha debía pernoctar en la casona de los Ávalos.

Pero lo que el vecindario de manera unánime aseguraba era que entre las raíces de la vieja ceiba se escondía un tesoro fabuloso que estaba destinado a Marcelo. La misma Ofelia me había confesado, pidiéndome que le guardara el secreto, que una noche, en sueños, a Marcelo se le había presentado una hermosa dama de blanco vestida a la antigua para comunicarle que el dinero de la ceiba le pertenecía exclusivamente a él. Aunque sólo en el momento preciso le señalaría la hora y el lugar exactos donde el tesoro se hallaba para que en persona fuera a buscarlo.

Según decían los entendidos en estos asuntos extraterrenales, a otro que no fuera el escogido le estaba vedado ir en busca del don concedido; pues una vez ante la presencia de lo encontrado, a su

115

vista se convertía en agua. También estos crédulos campesinos justificaban la negativa de Marcelo a aceptarlo porque éste sabía que a cambio de la fortuna recibida, una persona muy allegada afectivamente a él debía morir.

Nada que pudiera darnos algún indicio de los extraños rumores que en torno a la ceiba circulaban en Lagunita encontramos Silvano y yo. A no ser la sobrecogedora sensación de pesada humedad que nos ahogaba, haciéndonos abandonar a toda prisa aquel lugar al parecer encantado.

LA MEDICINA
TRADICIONAL

La medicina tradicional es una de las pocas manifestaciones de la cultura espiritual que ha sobrevivido en la región de Güinía de Miranda.[24] Gracias a la memoria colectiva que de generación en generación ha conservado los conocimientos sobre las enfermedades y dolencias de aparición más frecuente en su entorno, así como la terapéutica específica para su curación –y en

---

[24] Algunos autores incluyen la medicina tradicional dentro de la cultura material de una colectividad determinada (Jesús Guanche y Dennis Moreno, *Caidaje*). Sin embargo, considero como más acertada su inserción dentro de la cultura espiritual porque, independientemente del empleo que la misma hace de "valores tangibles que ha creado la sociedad en su desarrollo y evolución histórica" (Jesús Guanche, *Procesos etnoculturales de Cuba*, p. 37), la medicina tradicional se fundamenta básicamente en concepciones animistas de la más diversa índole, las cuales se acompañan de la magia ritual y de la supersticiones rurales. Isabel Aretz (*Manual de Folklore*, Caracas, 1972) incluye la *medicina terapéutica* en lo que ella define como *folklore espiritual-mental* (p. 203).

particular a que estas prácticas de carácter popular se ejecutan en el seno del hogar en ausencia de la curiosidad externa–, estos métodos empíricos para la conservación primaria de la salud continúan siendo una práctica habitual entre los pobladores de la región en su conjunto, tanto en su área rural como urbana.

Como uno de los componentes fundamentales del complejo mágico–religioso practicado en la región,[25] la medicina tradicional utilizada en Güinía de Miranda no sólo recurre a los principios ya aceptados de la medicina verde, o en la combinación de ésta con fármacos de fácil adquisición en cualquier establecimiento comercial. En la generalidad de los casos, la aplicación de la medicina verde tiene que ir necesariamente acompañada de determinados rituales de origen católico o de conjuros mágicos procedentes de otras creencias animistas presentes en la región; cuyo propósito no constituye otro objetivo que no sea "reforzar" la efectividad, o vehículo para la acción, de la primera. Sin embargo, la medicina tradicional no sólo hace uso de plantas; también se auxilia de partes seleccionadas de determinados animales, e incluso de objetos inanimados poseedores de ciertas propiedades curativas.

[25] Ver el capítulo "La cotidianidad religiosa" en este volumen.

Una relación de las enfermedades y dolencias más comunes en la región de Güinía de Miranda, incluidos los componentes básicos, tanto de carácter natural como mágico que conforman el sistema curativo de las mismas, servirán para ilustrar el amplio uso que aún conserva la medicina tradicional en su práctica terapéutica[26].

Mala digestión. A un vaso con agua se adicionan jugo de limón y una tableta de Mejoral[27]; el que debe ingerirse cuando el preparado comienza a hacer efervescencia.

Empacho (ingesta). Primero se "pasa la mano" sobre el vientre. Después el enfermo bebe un

---

[26] Esta información fue recogida de forma oral entre el campesinado de la región de Güinía de Miranda durante mi estancia en ese lugar, en 1960-1961, cuando me desempeñaba como maestro rural. Casi treinta años después, cuando en 1989 estaba realizando una investigación de campo en esa misma localidad, pude comprobar que aún entre la población del territorio se mantenía vigente el uso de aquella farmacopea tradicional. Esto teniendo en cuenta la existencia, ya desde 1961, de un hospital en el pueblo con suficientes médicos y enfermeras para la atención asistencial a los pobladores, tanto de ese poblado como de sus alrededores mediatos. Además de las profundas transformaciones que en todos los órdenes de la vida social, económica y política se habían introducido en la región.

[27] *Mejoral* es el nombre de una marca comercial del ácido acetilsalicílico.

cocimiento que se ha preparado con albahaca morada, yerba buena, San Pedro y bicarbonato. "Pasar la mano" sólo puede hacerlo una persona que esté dotada de "gracia natural" para curar este tipo de malestar.[28]

Resfriado de estómago. Provocado cuando se toma agua sofocado, su curación incluye un cocimiento compuesto por jengibre y tela de almácigo. Si el malestar persiste, se repite la infusión antes mencionada añadiéndole entonces un cogollo de anís.

[28] Seoane Gallo, en su libro *El folclor médico de Cuba*, da treinta y ocho variantes tradicionales para la curación del *empacho*, con las correspondientes invocaciones u oraciones que deben acompañarse mientras se "pasa la mano" sobre el vientre del enfermo. La invocación más frecuente, según este autor, es "¡En el nombre del Padre, del Hijo y del Espíritu Santo!"; aunque también menciona las oraciones a la Santísima Trinidad y al Padre Varela. A pesar de la generalización que hace suponer el título del libro, la información recogida por el autor se refiere exclusivamente a las actuales provincias de Camagüey y Ciego de Ávila. Este autor no menciona la curación del empacho mediante la medida del vientre del paciente con un cordón o tira de tela, la cual excluye el procedimiento de "pasar la mano". La persona que emplea este método curativo también dice una oración que, sin embargo, es secreta. El texto de la misma sólo puede ser revelado una vez al año a tres personas el Viernes Santo; de lo contrario, quien lo posee perdería "la gracia" para "curar".

Salto de estómago (padrejón o histérico). Cocimiento por la mañana, en ayunas, de ruda durante seis días seguidos.

Descomposición de estómago. Cocimiento de albahaca morada con malambo.

Cólicos estomacales. Cocimiento con tres ramitas de palo de tocino. Si el cólico lo acompaña sangramiento, al enfermo debe suministrársele además una infusión de yerba luisa.

Desgana (inapetencia). Caldo preparado con carne de paloma o de arriero.

Lombrices[29]. Cuando hay "revoltura" acompañada de "retorcijones" de estómago, como agua común se bebe este líquido al que se le ha adicionado yerba buena más verdolaga. El tratamiento incluye la ingestión en ayunas de apasote triturado, o el zumo, disuelto en leche cruda.

Lombricillas[30]. Este tipo de parásito se detecta por la picazón que el afectado presenta en el ano.

---

[29] Se trata de una parasitosis producida por el áscaris lumbricoides.

[30] Parasitosis debida a la presencia de oxiuros.

Se combate mediante lavados intestinales preparados con cocimiento de cundeamor.

Riñones (malestar doloroso). Cocimiento de raíz de chichicate[31] endulzado con azúcar prieta; el que debe tomarse como agua común.

Cólico nefrítico. En sus inicios se recomienda un cocimiento de guizazo de caballo. De continuar e incrementarse, el enfermo debe ingerir una infusión preparada con llantén, escabiosa y grama de Castilla.

Catarro. Cocimiento con hojas de limón y caña santa, el que debe acompañarse con dos tabletas de aspirina[32].

Asma. Cocimiento de manajú que el enfermo debe tomar los tres primeros días de la luna nueva, durante tres fases lunares consecutivas.

Erisipela (linfangitis). Se cura mediante la aplicación de fomentos preparados con yerba mora sobre el área afectada; conjuntamente con la

---

[31] *Urena baccifera L*

[32] *Aspirina* es el nombre comercial registrado del preparado farmacéutico compuesto de ácido acetilsalicílico, ampliamente utilizado como analgésico y antipirético.

recitación de la oración correspondiente para "cortarla"[33].

Nacidos (pústulas). Aplicación de cataplasma de malva sobre la zona epidérmica lesionada.

Nacidos ciegos (forúnculos). Se mezcla un pedazo de jabón amarillo, una cucharada de azúcar prieta, una yema de huevo, una cucharadita de sal y una porción de sebo. Convertido en una pasta, luego de triturarse utilizando una botella vacía a modo de rodillo, se aplica como un ungüento sobre la afectación. La "semilla" del nacido ciego se extrae con una hebra de hilo.

Herpes. El zumo de una güira[34], previamente hervida o asada, se aplica a manera de fomento en la zona de la piel contagiada. El área epidérmica lesionada se lava después con agua hervida, a la que se ha adicionado cundeamor.

Puya enconada. Para extraerla se aplica resina de manajú. Una vez eliminado el objeto lacerante, la herida ocasionada en la piel se cura mediante la

---

[33] En el libro antes mencionado, Seoane Gallo ofrece veintitrés formulaciones para "cortar" la *erisipela* mediante el empleo de invocaciones u oraciones sencillas. Entre estas últimas, las más empleadas son las oraciones de San Bartolomé y la de San Marcelino.

[34] *Crescentia cujete L.*

aplicación de cera de abeja doméstica que al fuego se va derritiendo sobre la lesión.

Ceguera (conjuntivitis). Se prepara un cocimiento con saldiguera[35] para el lavado ocular, que debe realizarse en horas de la mañana, poniéndole después unas goticas de esta infusión en ambos ojos que deberán cubrirse con un paño mojado en la misma. Con posterioridad se aplica a los ojos un cocimiento frío preparado con flores de vicaria blanca.

Nube de ojo (herida en la córnea). Sobre la misma se aplica miel de abejas de la tierra que se sopla a través de un pedazo, a modo de tubo, de bejuco leñatero. También puede aplicarse una gota de sangre de la pata de un arriero sobre el ojo enfermo.

Insolación. Para "sacar" el sol se envuelve la cabeza del enfermo con un paño blanco, sobre el cual se coloca invertido un vaso de cristal transparente con agua; para de inmediato hacer la invocación solicitando la salida del sol. La rápida columna de burbujas que sube a través del vaso indica que efectivamente el enfermo estaba insolado.

---

[35] La saldiguera *o* sal de Glaubero, cuya composición química es el sulfato de magnesio, era un popular laxante que podía adquirirse en las farmacias envasado en sobres al precio de cinco centavos.

Tabardillo.[36] Se cura con un cocimiento preparado con cola de alacrán y fragmentos del cuesco de la parte inferior de una jicotea.

Dolor de cabeza. Se elimina con un cocimiento de tilo previa ingestión de una tableta de aspirina o Mejoral. Si el malestar persiste, con una tira o paño se fijan a la cabeza varias hojas de salvia o de ateje previamente estiradas sobre un papel de estraza. También estas hojas preparadas pueden colocarse bajo la planta de los pies dentro de las medias.

Corriente de aire (resfriado). Se prepara un cocimiento que incluye bejuco guairo (o romero[37] en su ausencia), tres cogollos de salvia, tres cogollos de café y una pizca de nuez moscada rayada.

Pasmo (pneumonía). Se toman tres goticas de aceite de palo[38] disuelto en una cuchara que contenga café amargo.

[36] Según el autor de *El folclor médico en Cuba*, el *tabardillo* es "la sangre paralizada en el cerebro por el efecto de una insolación fuerte" (p. 725), como resultado de una exposición prolongada a los rayos solares. El libro también menciona el *tabardillo de luna*.

[37] *Rosmarinus officinalis*

[38] El *aceite de palo* o *bálsamo copaiba*, sustancia oleaginosa que se extrae de la *Copaifera officinalis*, Lin., es

Hemorroides. Se aplica un cocimiento de cundeamor en forma de baños de asiento o de lavados.

Menstruación dolorosa. Cocimiento preparado con tres flores o cogollos de marilope[39]. Si continúa el dolor, entonces a la infusión anterior deben añadírsele tres cogollos de escabiosa; además de la aplicación de paños calientes sobre el vientre de la aquejada.

Abortos. Cocimiento de corteza de cedro. También se emplea la ingestión, en ayunas, de sulfato hervido en cerveza.

Ombligo botado. (hernia umbilical). Dos personas, una de ellas nombrada Juan (o Juana), sacan una plantilla del pie derecho del niño, la cual se "entierra" sobre el tronco de un almácigo[40].

utilizado en la farmacopea como anticatarral, cicatrizante y antiblenorrágico.

[39] Turnera ulmifolia L.

[40] Este método curativo practicado en la región de Güinía de Miranda constituye una variante muy desvirtuada de los tradicionales ritos curativos que, asociados a las festividades del solsticio de verano, y en particular a la noche de San Juan, llegaron a Cuba procedentes de los diferentes pueblos de España.

ACERCA DEL AUTOR

ERNESTO CHÁVEZ ÁLVAREZ (La Habana, 1942). Graduado de Licenciatura en Geografía de la Facultad de Ciencias de la Universidad de La Habana (1972); Especialista en Demografía del Centro de Estudios Demográficos (CEDEM) de la Facultad de Economía de la Universidad de La Habana (1981). Cursó estudios de postgrados en esta última de Economía Política e Historia del Pensamiento Económico. Es miembro del equipo de investigaciones sociodemográficas dirigido por el profesor Juan Pérez de la Riva (1968-1972), participantó en las investigaciones de antropología social organizadas por la antropóloga mexicana Aída G. Alonso (1970-1981), con el asesoramiento permanente del etnólogo Isaac Barrial (1969-1994). Ha participado en simposios nacionales y ha colaborado en investigaciones conjuntas con instituciones cubanas y españolas en la preparación de compilaciones especializadas, prólogos y ediciones acotadas. Entre sus libros publicados se encuentran: De cómo la jicotea dejó de tener el carapacho liso (Bogotá, 1979), La leyenda de Antoñica Izquierdo (La Habana, 1987), La fiesta catalana (La Habana, 1989), El crimen de la niña Cecilia (La Habana, 1991), Libro de Oro (Barcelona, 1992), Diario de campaña de un catalán mambí (Barcelona, 1999), La Beneficencia Catalana. 150 años de historia (Tarragona, 1999), Historias contadas por Pura (La Habana, 2008), Las fiestas de la Candelaria (La Habana, 2010), Maestro Voluntario (Gainesville, 2014), y Maestro Rural (Gainesville, 2014). Ha publicado en revistas nacionales (Revista de la Biblioteca Nacional "José Martí", Del Caribe, Santiago, Signos, Catauro), y extranjeras (Folklore Americano, La Rambla Cubana). Ha impartido conferencias sobre cultura tradicional de origen hispánico en Cuba, España y los Estados Unidos. Reconocimientos: "Medalla Raúl Gómez García" (La Habana, 1992), "Sello del Laureado", en reconocimiento a la cultura artística y literaria (La Habana, 1993) y "Festa Major", en reconocimiento a la divulgación de la cultura catalana fuera de Cataluña (Madrid, 1999). Es miembro de la Union Nacional de Eescritores y Artistas de Cuba.

Otros títulos de la colección:

Maestro Voluntario: Memorias de un Maestro Rural, Volumen 1. Ernesto Chávez Álvarez

Maestro Rural: Memorias de un maestro rural, Volumen 2. Ernesto Chávez Álvarez

Gente del Escambrary

Ernesto Chávez Álvarez

MilianBooks

New Haven, Connecticut

Abril, 2017